演讲高手

让你开口就赢的10个演讲法则

汤金燕◎著

SPEECH MASTER

台海出版社

图书在版编目（CIP）数据

演讲高手：让你开口就赢的 10 个演讲法则 / 汤金燕
著 . -- 北京：台海出版社 , 2022.11
ISBN 978-7-5168-3407-7

Ⅰ . ①演⋯ Ⅱ . ①汤⋯ Ⅲ . ①演讲—语言艺术 Ⅳ .
① H019

中国版本图书馆 CIP 数据核字（2022）第 181056 号

演讲高手：让你开口就赢的 10 个演讲法则

著　　者：汤金燕

出 版 人：蔡　旭　　　　　　　　封面设计：异一设计
责任编辑：赵旭雯　魏　敏

出版发行：台海出版社
地　　址：北京市东城区景山东街 20 号　邮政编码：100009
电　　话：010-64041652（发行，邮购）
传　　真：010-84045799（总编室）
网　　址：www.taimeng.org.cn/thcbs/default.htm
E - m a i l：thcbs@126.com

经　　销：全国各地新华书店
印　　刷：三河市嘉科万达彩色印刷有限公司
本书如有破损、缺页、装订错误，请与本社联系调换

开　　本：880 毫米 × 1230 毫米　　1/32
字　　数：200 千字　　　　　　　　印　　张：10.75
版　　次：2022 年 11 月第 1 版　　　印　　次：2022 年 12 月第 1 次印刷
书　　号：ISBN 978-7-5168-3407-7

定　　价：66.00 元

已经有上万名学员实践了书里的原则和方法，
他们都因此获得了巨大的改变。
现在，我希望让更多人受益，
比如，正在阅读这本书的你。

掌握演讲力
说出影响力

世界著名投资家沃伦·巴菲特曾说："有一种技能你必须学会，不管你喜欢与否，那就是轻松自如地进行公众演讲，这是一种财富，将伴随你五六十年；如果你不喜欢，你的损失也是五六十年。"足以可见，演讲能力的重要性。

在这个时代，演讲力就是影响力，有人特别擅长用语言表达自己的思想，这种能力在帮助他们创造价值的同时，也在影响着社会。但遗憾的是，也有很多人不具备这种能力，以至于错失人生中无数次机会，甚至是改变命运的重大良机。

所以，当我接到金燕老师的电话，希望我为她的新书《演讲高手：让你开口就赢的10个演讲法则》作序时，我十分高兴。2017 年，我们在上海相识，金燕老师给我留下了深刻的印象。这么多年来，虽然彼此忙碌，但是我一直关注着金燕老师的成长，看到了她对演讲培训的热爱，看到了她始终聚焦在演讲赛道的执着。因此，我很欣赏她在这个领域专注深耕的态度和创业路上这份坚持的韧劲。

这本书凝结了金燕老师十多年在演讲领域的教学经验，书中的技巧全面、细致，通过十个法则为读者提供了一套系统的演讲方法，让大家有迹可循践行运用。书中内容实用、落地，附有大量生动案例，金燕老师力求把每一个知识点讲得通俗易懂，很多都是由她数年的实战演讲和培训经历总结而来。我相信你将透过这些"演讲之术"，感悟到更加内在和更有深度的"演讲之道"。

作为老师，我们都把帮助和改变他人作为自己的使命，我也坚信，不论你目前从事哪个行业，这本书都能帮助你快速提高演讲能力，掌控人生中的每个关键时刻！

金燕老师是一位出色的演讲导师，让我们一起在金燕老师的带领下，踏上这段演讲的学习旅程，在路途上收获新知，收获一个更美好的人生。再次祝贺金燕老师新书出版，演讲事业迈上一个新的台阶！让我们继续彼此鼓励，彼此见证。

祝愿每个人都能掌握演讲力，说出影响力！

王琳

华商基业创始合作人

"结构性思维"课程研发者、培训师导师和同名书作者

"荣耀时刻"课程研发者、培训师导师和同名书作者

你那么优秀
怎么能输在演讲上

2021 年 11 月 12 日晚,我和团队忙碌着为首届"勇敢 Talk"做最后的细节准备,离开酒店时,已经凌晨 1 点多。虽然连续一个多月繁重的筹备工作让我的身体感到很疲惫,但内心却是异常兴奋和激动。

第二天,在"勇敢 Talk"隆重的舞台上,迎来悉数登台的 13 位分享者,他们来自不同的行业,有着不同的职业,是各领域优秀的精英人士,但曾经也都是恐惧舞台的人。而当天,面对现场上百人,他们勇敢地站上舞台,那一刻,每个人都闪耀着光芒。演讲中,他们以不同视角,传递着一个个有温度、有思想的故事,高质量的分享深深震撼了现场的听众,他们用实际行动证明,从恐惧演讲到自信表达,每个人都做得到!

2 2

在这一刻，我和团队所有的辛苦付出，都值了！

诺贝尔文学奖得主马尔克斯在《活着为了讲述》的扉页上写过这样一句话："生活不是我们活过的日子，而是我们记住的日子。"所以，2021 年 11 月 13 日，注定是我生命中值得铭记的日子，因为在这一天，首届"勇敢 Talk"活动的举办，在传递演讲价值的同时，也赋予更多人"我能学好演讲"的信念和力量。

我是一名演讲教练，正如我的名字"汤金燕"，多年来，我深耕在演讲领域，一直都在致力帮助许多人在演讲中"惊艳"全场。扎根在一线教学，让我有机会聆听到无数学员和演讲之间的故事。

"我的业绩很好，这个竞聘的机会我想争取，但是我不擅长演讲，所以不敢参加，怕自己会失败"，一位在职场中，兢兢业业工作了七年的学员向我诉说她内心的不甘和担忧。

2018 年，她刚刚坐完月子就来到我们的课堂，她性格文静内向，上台说话的时候容易脸红，声音也很小。她在一家全国知名的连锁教育公司工作，业绩名列前茅，但是面对心仪的岗位她始终无法鼓足勇气参与竞聘。第八年她不想再犹豫，系统学习演讲后，她勇敢地报名参加，最后以高分脱颖而出，成功获得职场跃迁。

在众多职场学员中，她的经历只是其中一个小小的缩影。他们中有的人因为演讲不好，面对职场升迁的机会，不敢争取；有些人因为不善表达，即使工作勤恳，依然得不到重用；很多人因为缺乏口才，职场发展受阻。

"我创办企业十几年了，每年公司的尾牙宴和外面的一些大型活动，我从来不敢上台致辞，讲不好就太没面子了"，一位踏实肯干的企业老板向我诉说他多年的困扰和遗憾。

2020年，平时工作异常繁忙的他，放下所有的事务，专门从外地来到我们的课堂，他坚定地立下一个目标：今年的尾牙宴一定要上台讲话！经过针对性的学习，在年底尾牙宴上，经营企业十几年的他，自信从容地上台面对上百位员工，做了创业以来的第一次致辞。

在众多企业老板学员中，他的经历只是其中一个小小的缩影。他们中很多人苦心经营企业多年，但是在企业扩大中需要他们登台演讲时，往往因为内心的畏惧产生了行动上的抗拒；或是因为演说能力不佳影响了企业的形象和销售业绩，以至于错过许多对内凝聚人心，对外扩大企业影响力的机会；他们因为缺乏口才，导致企业发展受阻。

在这些故事里，有遗憾的叹息，有心中的不甘，有眼里闪烁着的泪光。

每一位坐在我面前咨询的学员,他们并不是希望寻求能够提升自己口才的捷径,他们往往只是希望自己的口才和实际能力匹配,让他人看见自己或企业真正的实力。他们在各自的专业领域有着认真的态度和扎实的能力,但遇到会议发言、工作汇报、岗位竞聘、活动致辞、融资路演等公众讲话时,却出现判若两人的情况:台下从容地侃侃而谈,台上紧张得语无伦次。这些本可以向领导、同事或客户展现自己能力的重要时刻,本可以向员工或外界展现领导魅力和企业实力的时候,却因为自身表达能力的欠缺,一次次影响了职业生涯的跃迁和阻碍了企业的发展。

面对演说短板,有的人选择逃避,有的人选择改变。选择后者的人来到了我们的演说培训课堂,让我也有幸见证了他们的成长,作为老师,最大的成就感就是看到每一位学员的改变。

因此,在这个过程中,我最幸福的时刻,莫过于每次收到学员发来的喜讯。有的学员脱颖而出竞聘成功,实现了职场的华丽转身;有的学员出色的汇报分享,让他们获得了赏识和重视;有的学员参加演讲比赛、讲师比赛纷纷取得第一名的好成绩,让领导和同事都刮目相看；有的学员凭借出色的口才，对内塑造了领导的魅力，对外彰显了企业的实力，助推了企业的快速发展；有的学员在儿子婚礼的"父亲致辞"环节中，沉稳自信，获得几百位宾客的交口称赞，给婚礼增色添彩；有的学员甚至从此热爱上舞台，喜欢上表达，开始勇敢追寻自己的事业，为人生赢得了更多的可能……

看着越来越多的人因为演讲改变命运，更坚定了我从事这份事业的决心，同时，也驱动着我不断去探索和钻研。过去，我在各大企业工作时，作为培训管理者，授课足迹遍布全国各地，参加语言类比赛斩获第一……一线实战的磨炼，精进着我的演讲能力。2016 年，我成立口才机构，至今培训了众多学员，并受邀为知名企业授课及担任演讲比赛评委，一线教学经历的积累，夯实了我的口才授课技能，构建了更完善的口才教学体系；2017 年，我自主研发的课程"言值力量——打造高效商务演说"经过国家版权局审核，成功获得版权登记证书；2020 年，我参与编写的演讲合集书正式出版；2021 年，我又开始着手创作你现在正在阅读的这本书。这么多年来，我始终坚守深耕在演说这条路上。

所以，如果说通过口才助力他人的人生，是我从事这份事业的初心和驱动力，那么写这本书则是来自一份使命,我希望将这么多年一线演讲培训的实战经验进行系统的梳理总结,通过文字的形式,分享出去,帮助更多有需要的人。

袁隆平院士曾说,"人就像一粒种子,要做一粒好种子",我希望能写一本书,一本好书。这也是我人生中独立出版的第一本书,希望此书中的每个字都对你有启发、有意义;希望这本书能让大家有所受益,赋予你走上舞台绽放的勇气和智慧。

也许此刻阅读这本书的你,正因为不善表达,错失了许多机会,因为不善表达,始终只是仰望他人在舞台上散发光芒,而有真才实学、工作勤恳、努力认真的你,还依然默默坐在角落。但是,我相信,只要你愿意勇敢向前迈出一步,就会有改变的机会,就能看到一个在舞台上闪闪发光的自己!

这个时代,没有发声,就等于没有发生。我们不仅要有实力,更要善于展示实力,让他人看到你的价值。毕竟,你那么优秀,怎么能输在演讲上!

你的私人演讲教练:汤金燕

2021 年 12 月 12 日写于福州

十个法则
让你成为演讲表达高手

会演讲的人，成功的机会比别人多两倍。

出色的表达，总能获得更多机会的垂青。

每个时代的红利，都会向善于表达者倾斜。

演讲的重要性不言而喻，出色的演讲能拓宽你的人脉，倍增你的影响力。反之，不好的演说，也会快速暴露你的缺点，所以，学会当众演讲是当今社会每个人都需要掌握的技能。无论是在生活还是工作中，良好的演讲表达能力都会为你加分不少，但是很多人对舞台都充满了恐惧，不知道从哪里开始学起，所以学习一套行之有效的、系统的演讲方法是非常有必要的。

这本书就是你学习演讲路上的一份实用指南。不仅适合零基础演讲小白系统地掌握演讲技能，也适合职场精英、管理者、企业负责人等需要当众讲话的社会各界人士。书中，除了有系统的演讲方法技巧，还有大量的实例、范例，供大家参考。所以，这是一本具有实操性和实用性的演讲书籍。

从演讲表达小白到演讲表达高手，需要掌握哪些演讲的能力呢？在这里，我总结归纳为"十大法则"，分别是：自信法则、定位法则、逻辑法则、感染力法则、即兴法则、控场法则、互动法则、台风法则、声音法则、场景法则。

如果大家根据我分享的方法刻意练习，相信你也能轻松从演讲小白蜕变为表达高手。通过演讲表达能力的提升，你将在各种表达场景中游刃有余地施展个人魅力，建立影响力。这种影响力，能帮助你找到更多的支持者、追随者和合作伙伴。

这么多年我一直深耕在演说事业上，作为一名演讲教练，我辅导过众多企业负责人、管理层，辅导过各行业的精英人士，这些实战经历，让我更深入地知道如何让一个零基础的人蜕变为善于表达的人，因此，我将把在一线积累的经验倾囊相授，希望这本书，能帮助你们实现成功演讲的目的。

著名作家柳青说，"人生的道路虽然漫长，但紧要处常常只有几步"，在人生的关键时刻，演讲是你事业和生活上的拦路虎、绊脚石，还是助推器，你是掌控还是失控？取决于你对它的驾驭能力。面对台下一双双充满期待、挑剔、评判的目光，对演讲者来说，可能是一次稍纵即逝的机会，也可能是一场难以脱离的噩梦。

每个人都会有很多在公共场合发言的机会，当你因为恐惧、害怕而放弃了这些机会的时候，实际上就是放弃了许多成功的机会。所以，我希望无论在职场还是生活中，当你需要当众讲话的时候，面临决定人生转折点的重要时刻，你能快速抓住机会并做到"语"众不同！

你不需要很厉害才开始，而是开始才会变得很厉害，现在就让我们开启蜕变之旅，掌握口才能力，让你未来的每一场演说都惊艳全场，让你拥有更多的话语影响力，创造人生更多的可能性！

演讲既是一门技术，也是一门艺术，技术说明有迹可循，但是艺术需要一辈子修炼。在演讲表达的这条路上，我也还在不断地学习与探索，希望与你一路同行，用演讲收获更成功、更丰盛的人生。

目录

第九章　声音法则
——先声夺人 修炼声音感染力

第十章　场景法则
——即学即用 常见演讲场景应对技巧

第一章

自信法则

——克服紧张 从容演讲有秘诀

演讲中，许多人都受困于"紧张"这只"拦路虎"，在这一章我们通过抽丝剥茧，了解自己紧张的表现、原因，以及如何克服紧张情绪的五大秘诀，让"紧张"这块演讲路上的"绊脚石"变成"垫脚石"。

你上台紧张吗？如果给自己上台紧张的情况打分，1～10分，紧张程度逐步递增，你会给自己打几分？

我曾经从演讲者手中接过湿漉漉的话筒，也曾见过他们拿着话筒颤抖不已的双手，更听过他们从话筒里传出哆哆嗦嗦的声音。我从事演说培训多年，在与众多学员的咨询沟通中发现，紧张无疑排在演讲问题的第一位。

紧张，是很多人演讲的"拦路虎"。这个问题不仅束缚了很多人登上舞台的脚步，也严重影响演讲分享的效果，更阻碍了很多人实现自信演讲的梦想。

早在二十世纪八十年代，美国心理学家做过一项调查：你最害怕的事情是什么？结果让心理学家们大跌眼镜，排在第一位的竟然是当众演讲，而死亡却屈居第二。

紧张从生理学角度来说，是人的一种天性。

在远古时期，我们的祖先以狩猎为生时，经常会遭到外界的各种威胁，比如野兽的攻击。从那时起，人类的身体就产生了一种防御机制，这种防御机制叫作"紧张"，帮助身体逃离危险或者准备战斗。

　　紧张也是一种正常且普遍的生理与心理现象，古今中外许多名人都会紧张。

　　英国首相丘吉尔当年在演讲台上脸色发白、四肢颤抖，直到被轰下台，他曾说每次演讲都觉得胃里像放着一块冰块；林肯最初走上演讲台时恐惧得连一句话都说不出来；印度圣雄甘地首次演讲都不敢看听众。

　　我国著名作家沈从文先生第一次讲课时，慕名来听课的人很多，他竟紧张得不知说什么了，很久之后，他才慢慢平静下来。然而原本要讲授一个小时的内容，被他三下五除二用 10 分钟就说完了，可是，离下课时间还早呢！他再次陷入窘境，后来他急中生智，转身在黑板上写了一句话：今天是我第一次上课，人很多，我害怕了。全场爆发出一阵善意的笑声。

　　紧张的时候人会有哪些表现呢？某喜剧类综艺中有个节目《贾总的演讲》，小品中的贾总过去总是让助理代替他演讲发言，所以当极少上台的他不得不做公众讲话时紧张得状况百出：忘词、说错话、手足无措、语无伦次、面部僵硬、冒虚汗等。

　　你是否仔细观察过，你在紧张时，会有哪些表现呢？

🎤 演讲时，紧张的表现有哪些

我们紧张的表现一般分为外在和内在，从外在表现来看，一般会出现四肢抖动、手足无措、面部僵硬、眼神游离、口干舌燥、面红耳赤、虚汗频出、说话结巴等情况；从内在表现来看，会出现心跳加快、头脑空白、盼望演讲结束等情况。

按照紧张程度我们一般分为三种。

严重紧张：演讲进行不下去，直接从台上下来。

中等紧张：刚开始很紧张，心跳加快等，讲着讲着进入状态。很多人都属于这种情况。

轻微紧张：听众根本看不出来你在紧张。

紧张有利有弊，从利的角度来说，上台紧张，说明我们重视这件事情，甚至演讲时会超常发挥；从弊的角度来说，紧张产生的一系列连锁反应会影响我们正常发挥，继而影响演讲效果。

🎤 害怕当众讲话的人，紧张的原因有哪些

有一年香港大学在内地招收本科生，17 个省市共递交多达 4848 份申请。经过面试，最后录取 250 人。港大表示，学校并不单纯以高考分数作为招生指标，面试表现也很关键，11

名各省市的高考"状元"因面试成绩不理想而被拒之门外。

从小到大，我们更多是通过笔试升学，在语言训练上的学习少之又少。我大学读的是中文系，系里对学生的要求是：站着能说，坐着能写。所以除了有训练写的课程外，系里还专门开设了一门选修课——演讲与口才，大家注意到没有，这是作为选修课，并不是主课，而其他很多专业甚至都不会开设此类课程。

因此，我认为紧张的深层次原因在于传统的文化教育氛围。

2016年暑假，一个县城的八位老师带着他们各自的孩子来到我们机构，当时这些孩子都刚刚参加完高考，他们的父母中，有物理老师、地理老师、化学老师、体育老师等，作为老师，为什么他们还要把子女送到我们机构学习呢？当我与孩子们一个个交流时发现，这些孩子基本上都有腼腆害羞、不擅长与人沟通的状况。父母们深知孩子马上要奔赴各地求学，大学就是一个小社会，他们将会面临各种需要沟通表达的情况，比如和老师、同学、室友的相处，校内各种活动的展示，都需要优秀的表达能力。经过一个月的集训，孩子们的演说能力有了明显的提高。课程接近尾声的时候，为了帮助孩子们克服胆怯的心理，我专门设计了一个环节叫作"'合'你在一起"，让他们去附近的商场，主动找陌生人合影。因为当时我们采用分组 PK 的模式，所以大家的积极性非常高。

让我们非常欣慰的是，9 月份他们步入大学后，每个人都向我们传来了喜讯，有的孩子当上了班长、有的孩子当上了学生会干部，他们纷纷表示暑假的演讲集训对他们的影响很大。

除了传统的文化教育和氛围影响外，还有职场的氛围。工作后，你会听到"枪打出头鸟""多说多错，少说少错"这样的一些忠告。但演讲是一项技能，就像学习一门新的语言，需要环境，需要刻意练习，我们从小既没有相应的学习环境，又没有刻意练习的场合，更没有鼓励的氛围，因此，就容易出现在当众讲话时紧张到不知如何应对的情况。

当然，造成演讲紧张还有很多其他的原因，比如很少上台，缺乏实战经验；对结果过分关注；对自己的期望过高；以前演讲失败过，内心有阴影；等等。

🎤 别怕！克服演讲紧张有五大妙招

演讲中你的紧张能克服吗？答案是，当然能！如何把演讲中这只可怕的"拦路虎"变成温顺的"Hello Kitty"呢？在这里我给大家分享五大妙招。

充分准备法

《中庸》里说：凡事预则立，不预则废。

戴尔·卡耐基说：一次成功的演讲来自充分的准备。

亚伯拉罕·林肯曾经说过：给我六小时砍倒一棵树，我会用头四小时来磨斧子。

所以，出色的演讲是精心准备的结果，准备越充分，失败的概率就越低，成功的概率就越高。

在我的第一堂演讲课中，我会让大家一起齐声读出一句话："没有准备，就请准备失败！"我发现很多学员在演说前不喜欢准备，或者只是临时抱佛脚。

多年前有位高学历的学员很骄傲地和我说："汤老师，我以前读书时每次考试前几乎都是临时抱佛脚，即使这样，我的成绩依然名列前茅。"表示钦佩后，我忍不住反问了一句："那么每次遇到公众演说，你也是这样做的吗？"他说是的，我问结果呢？瞬间他脸上的自信转为失落说："结果都不好，所以才来您这里学习。"

演讲最大的天敌是紧张,紧张最大的天敌是自信,自信的来源在于准备。演讲需要充分周全的准备。如果一个人演讲没有做好充分的准备,那么他就容易紧张恐惧,思路混乱。每一次非凡的演讲都来自幕后的精心准备,准备工作能驱散你心头的紧张,将你的演讲打磨成精雕细琢后的杰作。

TED 大会创始人克里斯·安德森曾将乔布斯誉为"近年来伟大的企业推广人之一",安德森说:"每次苹果公司召开重要产品发布会时,他都会一丝不苟,精心演练数小时。他极其重视每一个细节。"那么,乔布斯是如何精心准备的呢?

乔布斯是一位艺术家,他始终精益求精地完善自己的演讲风格,每张幻灯片他都仔细撰写,他的每次演讲都带给观众剧场般的体验。他不像其他的演讲者是为了传递信息,他是为了给听众创造一次非凡的体验。他近乎苛刻地要求自己,不断修改每张演讲幻灯片的细节,一刻不停地排练直到近乎完美!

演讲前,乔布斯会用整整两天的时间反复排练,咨询在场产品经理的意见,任何一个细节,他都不放过。当年,有这样一个场景,乔布斯在为发布 iMac 进行彩排时，按照设计他话音一落，新款 iMac 就从一块黑色幕布后面滑出。但乔布斯对当时的照明状况不满意，他希望光线更亮一些，出现得更快一点。负责照明演示的工作人员一遍又一遍地调试，始终不能让乔布斯满意，而他的情绪也越来越糟糕。最后终于调试好了，乔布斯兴奋地狂叫。

苹果公司创始人乔布斯在演讲上精益求精的态度令我们折服，而小米科技创始人雷军是如何准备新闻发布会讲稿的呢？

我们有一个四五人的核心团队，会有四五十人参与，一般会写一个月到一个半月，我自己每天会花 4～5 小时修改内容，一般会改 100 遍以上，每一张都要求是海报级的。写完了稿子以后，要推敲每 5 分钟听众会不会有掌声，每 10 分钟听众会不会累，我们是应该插短片、插段子，还是插图片，怎么调动全场气氛，怎么能确保整个发布会在一个半小时内结束。我一个人从头讲到尾，保证在一个半小时里面，能让你觉得全场不无聊。

因此我想特别和大家分享一下，我们该如何进行演讲准备。我分别从内容、环境、听众三个角度分享一下。

1. 内容准备

当我们将内容撰写完成后，很多人会认为演讲的准备工作已经结束了，然而这只是完成了第一步，更重要的第二步是在内容演绎上做超量准备。下面我给大家分享一个"试讲四要领"。

发出声音，强化记忆

很多人练习演讲，习惯在心里面默记，不知道大家有没有一种体会，小时候我们背课文，虽然在心里默记得很熟练，但是面对着老师背诵时，可能又会变得磕磕巴巴。所以，在演讲内容的练习上，必须要发出声音，这样才会对牢记内容有帮助。

模拟现场，逼真练习

如果有条件，建议最好直接在现场训练；如果没有，就选择一个与当天会场类似的场地进行练习。高逼真的模拟，能够大大降低我们演讲时的恐惧感，提升演讲时的自信。

记得多年前我曾给一位学员辅导高级工程师答辩，她非常害怕当众讲话，之前的考核都没有通过，所以专门找到我给她辅导。刚好当时答辩考核的场地就在她单位的楼上。

在考核前一天，因为内场不能进入，我们到场地的外面，我找了一把椅子让她坐下，接着让她闭上眼睛。我对她说："你现在想象一下，已经抽到了某个题目，几分钟准备后，我会模拟考官向你提问。"

经过大量的刻意练习和高逼真的模拟，她参加完答辩考核后向我反馈，这次明显没有之前那么紧张，全程顺利，高分通过。

在内容准备阶段，要特别注意时间把控。比如演讲比赛、竞聘、述职等类型的演讲，都有时间要求，尤其是比赛性质的演讲，超时会遭到扣分处理，所以我们在准备时一定不要满打满算，要留有余地。比如 8 分钟的演讲比赛，准备到 7 分 30 秒或 7 分 40 秒即可，因为在现场高压环境下有可能语速变慢，而且要为突发情况留出调整的时间。

如果是分享型的演讲，比如主办方邀请你作为嘉宾分享，也同样要注意时间的把控，因为可能不止你一位分享嘉宾或者还有其他流程。

正常情况下主办方都会事先安排好环节所需要的时间，但是我参加过一些大型的活动，曾遇到一些嘉宾在分享时没有提前规划好时间，导致后面时间来不及。这时分享嘉宾会出现一些状况，比如语速加快、快速切换 PPT，更甚者演讲超时，导致后面嘉宾的时间被严重压缩，既定环节被打乱或被取消。这些行为给主办方、听众、与会分享嘉宾都会造成不好的印象，更给活动带来不利的影响。

记得多年前，我主持过一场 25 周年的同学聚会，当时邀请了一位老师上台致辞。70 多岁的老师看到这种场景很是感慨，所以忍不住滔滔不绝发言了将近 40 分钟。因为当天是晚宴形式，在老师发言 20 分钟之后，现场就已经出现了小小的骚动，慢慢开始了觥筹交错，场面有点尴尬。

在老师结束发言后，为了缓解现场的气氛，我临时根据老师发言中三句感人的话，做了总结升华，同学们深刻感受到了这份师生情，于是向老师致以雷鸣般的掌声。在这个主持中，我再次感受到应该注意演讲时间的把控，否则会弄巧成拙。

录制视频，复盘优化

我们有个课程模式是"私人定制"，课程中有两个关键的环节——录制训练视频和复盘总结。通过视频可以非常直观地发现自己演讲时的各种问题，比如肢体动作、内容的逻辑、声音的感染力等方面的不足，甚至还能发现一些细微的问题，比如小动作、口头禅等。并且，通过回看视频总结复盘，我会让学员先找出进步和需要改善的点，然后记录在手册上，我再进行分析补充，不断优化、改善学员演讲中出现的问题。

　　模拟彩排，让听众聆听并给予反馈，再次复盘优化

　　演说时，如果只是一个人默默练习，会毫无压力并且细节问题不易察觉，因此，在练习演说时，可以找家人朋友或者同事帮忙模拟一下听众，并且让其积极诚恳地给你反馈建议。甚至，你可以准备一份反馈表，模拟彩排后让听众匿名填写对你演讲的评分、评价和建议。

　　　　我在企业工作时，曾经参加过一次全国讲师比赛，在比赛前一天，我请了几位同事模拟听众并帮忙反馈意见。当时他们指出了一个我自己都没有意识到的问题，随后我快速进行了调整。没想到，比赛时有位选手刚好出现了我此前那个问题，被评委严厉指出。而我因为在彩排中得到同事及时的反馈，并快速修正了此问题，因此演讲得到众多评委的认可，最终我在激烈的比赛中获得全国讲师第一名。

　　及时复盘，这个动作在演讲中非常关键，不论是在前期准备，还是后期演讲结束，可以说每一场演讲后都值得我们精细地复盘。一方面，从进步、收获、亮点的角度，沉淀未来值得使用的方法；另一方面，更要从不足之处总结需要改进的方向，让它成为避坑指南。其实就算演讲有遗憾，也是一次进步的开始。

2. 环境准备

一定要充分熟悉演讲现场及设备，前面我们说过如果有条件，建议最好能直接在现场训练；如果没有，就选择一个与当天会场类似的场地进行练习。到了演讲当天，建议一定要提早到达现场，降低自己对陌生事物的恐惧感。我曾经在北京参加培训时听一位老师说过，"作为老师，如果准时就意味着迟到"，我非常认同，所以我每次到企业培训至少提早一个小时到达。虽然大家不是培训师，但是演讲中同样要有这样的态度和做法。

熟悉适应场地

到达演讲现场后可以到台上的各个位置走一走，多模拟在台上演讲的感觉，如果分享的内容不算太长，可以完整地彩排 1～2 次，甚至更多次，消除陌生感。

调试演讲设备

注意电脑、音响、话筒、演讲内容的调试。

即使主办方有提供电脑，我也会自带一台，还会携带一个

U 盘存放好所需资料，以备不时之需。

音响和话筒要调试好，避免发出刺耳的声音，至少多备一份话筒的电池。

内容上的调试，一方面是 PPT，PPT 要播放出来看看有没有问题，在 PPT 方面尤其要注意两个细节。

第一个细节，PPT 和投影屏幕的尺寸要匹配。如果你做的 PPT 尺寸为 16∶9，而投影屏幕是 4∶3，那么，投影的页面出来会有上下黑边；同理，如果 PPT 尺寸为 4∶3，而投影屏幕是 16∶9，在电脑上显示时，也会在左右两侧出现黑边。一般来讲，当页面与投影屏幕尺寸等比时，页面正好铺满整个屏幕，看起来会更舒服。所以，我在此建议，制作幻灯片之前，最好提前了解清楚投影设备的尺寸。

第二个细节，播放调试时可以坐在会场最后面的左边和右边观察是否能看清 PPT，因为有时会存在字体偏小、颜色太淡导致 PPT 不清晰等情况，我们需要快速调整，避免因为这样的小细节影响演讲的整体效果。如果需要使用到视频、音乐等素材，最好提前下载并且播放检查一下。

在前期的准备工作中，任何一个细节都不要放过，因为只要有一个细节没有做好，就有可能导致演讲"翻车"。这些相关的工作全部搞定，也能帮助你更为安心和专注地投入到后面的演讲中去。

3. 听众准备

我们可以通过相关渠道提前获知听众信息，以保证演讲的内容是听众想听的、听众关心的，并且我们还可以提前到达演讲现场熟悉观众的面孔，降低紧张感，同时寻找便于互动的观众。

无准备，不登台。事前下足功夫，演讲即可十拿九稳，所有在台上看起来毫不费力的演讲，都是因为在幕后拼尽了全力！

心理调节法

1. 利他思维的心态转变

萧伯纳曾经说过："如果你有一个苹果，我有一个苹果，彼此交换，我们每个人仍然只有一个苹果；如果你有一种思想，我有一种思想，彼此交换，我们每个人就有了两种思想，甚至多于两种思想。"

演讲实际上就是在分享你的思想。我们上台紧张，有时候往往是因为太过于关注"小我"，一直把焦点放在自己身上，太过于在乎自己，忽略了演讲对观众的价值和意义。如果我们能够转变思维，采用利他思维去分享，把焦点放在内容是否对听众有帮助上，反而可能会激发出兴奋、自豪的情绪。

2. 拔除负面的心魔，建立正面的心锚

　　教授把一个死囚关在一间屋子里，蒙上死囚的眼睛，对死囚说："我们准备换一种方式让你死亡——把你的血管割开，让你的血滴尽而死。"

　　然后教授打开一个水龙头，让死囚听到滴水声，教授说："这就是你的血在滴。"

　　第二天早上死囚死了，脸色惨白，一副血滴尽的模样，其实他的血一滴也没有流出来，他是被吓死的。

　　上述例子揭示的原理：心态影响生理。

　　在演讲前，你是否会给自己负面的心理暗示：这次肯定又要丢脸了、我不行、讲不好……每次演讲结果也许都没有让你失望，你确实表现不佳。

　　在演讲中，我们应该勇于挑战，多对自己说"我可以"，少说"我不行"。你可以多回想自己曾经成功的画面，让你幸福、激动、有成就感的事情，把负面转为正面，当你摆脱这些限制性的负面信念后，人生才会更加开阔，拥有无限可能！

3. 注意力转移法

在演讲中，我们最担心看到听众不认可的反应，比如：冷漠的表情、质疑的目光、双手抱胸的肢体，甚至是自顾自玩手机、起身离开等，对于演讲经验不丰富的分享者来说，无疑会产生巨大的压力。这个时候，我们应该多把目光转移到对你投来善意、认可你的听众身上，降低自己的压力感，同时，也把注意力转移到你所讲的内容上，你要深信，自己是在分享一件对听众有价值、有帮助的事情。

4. 压力转移法

演讲中最紧张的时刻，莫过于快上台和上台发言的前几分钟，但是作为给听众的第一印象，开场是重中之重，如果搞砸了，势必会影响我们演讲的整体效果和自己的信心。这时可以使用压力转移技巧，比如：开场通过互动提问，播放视频、图片、音乐等方式转移这种紧张感。

提问时，尤其是提问某位听众，大家的视线会马上聚焦到回答者身上；播放视频、图片、音乐时，不仅能使开场方式变得丰富，也会转移听众的注意力。以前我在全国巡讲一门课程——"阳光心态"，每次开场我都会播放一段澳大利亚演讲家尼克·胡哲的励志视频，播放前，我会和大家说明看完后会请两个人分享自己的感受，这不仅能减轻我开场的压力，同时也吸引了大家的注意力，并且能提高培训的效果。

动作调节法

紧张的时候，我们的心跳会加速、呼吸也会变得急促，这时候，大家可以尝试采用 1∶4∶2 的呼吸方式来调整一下，指的是：吸气 1 秒，憋气 4 秒，吐气 2 秒。

另外，我们还可以通过放松身体的方式来缓解紧张。比如，攥紧双拳，屏住呼吸，5 秒释放，重复 3 次。人越是紧张，身体越僵硬，这个时候缓解的效果最明显。

记得有一次我参加培训，在签到处附近，一个不引人注意的角落，我看到一位西装革履的男士正在做高抬腿的动作，后来开课时才发现他就是当晚的讲师，也许他也是因为紧张。在国外有些专业从事演讲工作的人，当他们需要面对上万人演讲时，开场前甚至会跑到没人的卫生间去做鬼脸，以此舒缓紧张的情绪。

刻意训练法

心理学教授安德斯·埃里克森博士研究了各行各业的成功人士，他发现，这些成功人士无一例外都数十年如一日刻意反复地练习，不断完善他们的技能。

学习演讲同样如此，掌握了系统的方法，还要不断持续练习，不仅是对当下需要分享的内容做大量的练习，更要对口才做长久的刻意训练。

林肯是闻名于世的大演讲家。但是林肯小时候其实是有口吃的毛病，他说话并不利索。自从他立志要做律师后深深了解口才的重要，从此林肯开始了刻意练习。他常常徒步 30 英里（约 48 千米），到一个法院去听律师们的辩护词，看他们如何辩论，如何做手势。他一边倾听那些政治家、演说家声若洪钟、慷慨激昂的演说，一边模仿他们的动作。回来后林肯学着他们的样子，对着树林和玉米地反复练习演讲。经过千万遍的练习，林肯不仅成为一位名声斐然的律师，而且踏入政界，成为令人尊敬的总统。

持续实战法

很多人会因为恐惧舞台而拒绝演讲机会，殊不知，他们拒绝的不仅是一次当众讲话的机会，也可能是一次商业合作的机会，或者是获得他人认可、遇到贵人的机会。因为害怕上台，导致越不上台就越不会讲，越不会讲就更不敢上台，形成了恶性循环。而想学好演讲就是要不断"霸占"舞台，有机会上，没机会创造机会也要上！

　　某知名主持人在当众讲话上，也有不堪回首的往事，在一档节目的现场，他用自己的演讲经历，告诉大家演讲的诀窍就是：要珍惜任何一次当众说话的机会，也许今天出了丑，丢了人，但是今天丢的脸，早晚有一天能给你挣回大面子！

　　台上一站，成功一半，把站上舞台演说变成一种习惯，不要怕出丑和丢脸，因为此处不丢脸，也自有丢脸处。不怕丢脸，丢一阵子脸；怕丢脸，丢一辈子脸。从心底问一下自己：你是想丢一阵子脸，还是一辈子？

第二章

定位法则

——三思而行 明确方向塑价值

方向不对，努力白费，如何让演讲事半功倍，而不是事倍功半，在这一章中，我们会明确演讲的方向，其中包括明确演讲的目标、听众、主题和观点。

　　一只骆驼和一匹马在沙漠中结伴而行。可是马嫌骆驼跑得太慢，而骆驼又嫌马不认路。马和骆驼互相争执，最后分道扬镳。马在沙漠里拼命奔跑，可总是绕圈；而骆驼因知道方向，仅用了一天的时间，就走出了沙漠。马在沙漠中迷路了，当骆驼见到马时，马已经累得快不行了。马奄奄一息地说："还是你厉害，知道方向！"骆驼说："你不是说你跑得快吗？"马服输地说道："在前往目的地的过程中，光跑得快是没用的，关键还是要知道方向。"

　　人生如果没有方向就像行驶在大海里的船，无论风从哪边吹都是逆风。一位诺贝尔奖获得者在谈到成功的经验时说："从容思考，从速实行，方向永远比努力更重要。"

　　在培训中，我会问学员，当你们获得一个演讲机会时，通常第一步会做什么呢？有一些学员不假思索马上回应："老师，找百度！"的确，在准备演讲第一步时，很多人都想通过百度等网络搜索方式，七拼八凑快速完成演讲内容，但是最后他们会发现演讲效果并不理想，因为他们没有明确内容的方向，从一开始也许就已经偏离了主题，导致听众对演讲内容不感兴趣，更谈不上演讲有说服力了。

那么，如何明确演讲的方向？我们要做到"三思"而行。

第一思：以终为始——明确演讲目标

你不知道目的地在哪里，那么必然无法到达你想去的地方。演讲不要为了讲而去讲，演讲要为了达到目标而讲，我们要拥有结果思维，聚焦演讲的目标。在《高效能人士的七个习惯》这本书中，"以终为始"是其中的第二个习惯，做事情之前先树立目标，然后再行动。如果通往成功的梯子一直搭错墙，那每一次行动无疑加快了失败的步伐。所以作者史蒂芬·柯维在书中写道：以终为始说明在做任何事之前，都要先认清方向。

因此，一场演讲是否成功，就看是否达成了目标，因为演讲目标，也是我们后面主题选择、时间分配、内容和案例选择的风向标。常见的演讲目的分为五类。

信息传递类。比如培训、制度政策宣贯等。

说服类。说服的场景很多，比如：工作中的汇报提案需要领导认可通过；创业者进行融资路演，希望获得投资人的投资；订货会、招商会或者公益宣传等，通过说服他人，影响听众的思想和行为。

激励类。通过演说激发听众内心深处巨大的潜力和斗志，促进听众马上行动去做某件事情,以达到实现个人或组织的目标。比如:公司业绩下滑,遇到团队士气低落的时候,激励员工努力奋斗;伙伴创业失败,激励他燃起斗志。

公益宣传类。比如环保、健康、理财等。

娱乐类。比如一些脱口秀等节目。

但是我们要知道演说目的是可以"复合"的,比如乔布斯、雷军等人每次做发布会,既有新产品的信息传递,同时也达到了说服销售的目的。

了解演讲目的后,要明确演讲的目标。你希望当演讲结束后,与演讲前相比,听众有什么改变呢?有人希望让听众掌握更多的信息;有人希望让听众掌握新的能力;有人希望改变听众的信念,从而改变他们的行为或启发他们用全新的视角看待自己和世界。

在演讲目标的设计上要追求有效,目标要是具体的、能够操作的、看得见的、好衡量的,因此,要注意两个原则:可衡量和可实现。比如,以销售为目的,我们要制定出明确的演讲目标。

如果今天是做一场招生宣讲会,参加人数是 100 个人,下面哪个目标的设定是合理的?

- 让更多人报名。
- 100 人中 100 名学生报名。
- 100 人中 60 名学生报名。

准确的答案是第三个，因为制定目标要可衡量和可实现，第一个目标"让更多人报名"不可衡量；第二个目标"100 人中 100 名学生报名"又违背了"可实现"原则，因为这基本是不现实的，你可以有这样的期待，但如果多次目标都没实现，你就会产生挫败感，不利于演讲自信心的建立。

所以，第三个目标是比较合理的，当你演讲结束后，有没有 60 个学生报名，就知道这次招生会是不是成功的。

🎤 第二思：对症下药——明确演讲听众

《孙子兵法》中说道：知己知彼，百战不殆。在演讲中，演讲者只有充分了解听众，知道听众是谁，听众关心什么，你的演讲，才能满足听众的期待，才能抓住听众的心理。

所以，我们要了解听众的信息。这里包含七个方面。

经济收入。可以从两个角度来理解：第一，如果这是一场产品的推介会，根据听众的经济收入，大致可以判断他们能承受的价格范围，从而锁定重点推荐的产品方向；第二，如果我们知道听众的收入属于一般水平，在分享中，切勿提及太多奢侈品作为例子，以免引起听众的不适和反感。

身份地位。比如面向政府官员演讲，那么演讲风格就要力求稳重，切勿太过张扬；如果是面向市场销售的人演讲，就可以激情一些；如果面对学生演讲，可以穿得年轻化一些。

年龄大小。从声音运用角度来说，如果是面向老人演讲，语速要尽量慢一些；如果是面对孩子演讲，语气要更有亲和力。

从内容角度来说，不同的年龄，对于内容的需求会有所不同。年龄不同，对于同一个主题的期待也不同，比如同样是学习演讲，青少年需要的是学生会、班干部竞选等场景的演讲技巧；成人则需要的是年终述职、岗位竞聘等场景的演讲技巧。此外，措辞要在他们的理解范畴，要符合他们的语境。

性别结构。一般来说，男性偏理性，女性偏感性，对于男女听众比例的把握，会决定我们的演讲内容和演讲风格。

有一档由明星企业家参与赢取千万级公益基金的真人秀节目，其中有一期是由某家居集团创始人进行任务发布，任务是为该品牌的新款橱柜做现场推介会，评委就是现场所有听众。听众会根据现场两队的发布会情况进行投票，在前几期一直处于领先优势的蓝天队却在第三轮 PK 中惨败，原因是碧水队的队长提前了解到现场的大多数听众是女性，也就是提前了解了听众的性别结构。因此她采用了结合自身经历讲故事的感性路线，现场和自己的女儿演绎了一幕情景剧，引发了在场很多身为母亲的听众的共鸣，而蓝天队两位男性企业家则采用冷静、理性的演说风格。最后碧水队的温情路线获得了大多数听众的票数，赢得了这场比赛。

文化水平。当我们演讲时面向文化水平低的听众，语言要尽量通俗易懂；面向文化水平高的听众，要讲得概括简练。

职业背景。有一次我到一家大型医药企业培训，我在课程中会多列举一些从事医疗医药行业的学员案例，这样不仅有利于拉近与听众的距离，而且更有代入感，他们会更容易被课程吸引，也会让学员感受到这个老师上课是有备而来。另外，了解听众职业背景也有利于你在分享时更好地巧妙设计一些互动。

宗教背景。比如有些民族有饮食禁忌，有些地方有话语禁忌，那么在演讲的时候就要避免谈及禁忌的内容。

🎤 第三思：箭指靶心——明确演讲的主题和观点

明确演讲的主题

首先我们要先确定主题的方向，可以从三个维度的交集来选择，分别是你能讲、听众想听、场合需要。

1. 你能讲

选择你擅长和熟悉的方向。在培训中，我发现有的学员为了分享而分享，去网络上摘抄内容放到演讲稿里，不仅背得很辛苦，分享的时候也根本没有办法做到从心出发，而是生硬地背稿或照稿读，然后越讲越紧张，听众听得也索然无味。但是他们分享自己擅长的主题时，就能轻松做到信手拈来，流畅自然。

所以，我们在确立主题时，要选择自己比较熟悉，并且有条件、有把握讲好的题目。比如你在某一个领域有所深耕和钻研，已经是这方面的专家或者你亲身经历过此类的事情。我在课堂上经常鼓励初学演讲的学员，一定要从自己的身份角色、职业专长、人生经历、兴趣爱好去挖掘演讲的主题。

因为熟悉，才容易讲得深、讲得透，讲出自己的风格；因为熟悉，才有话可说，不会言之无物；因为熟悉，演讲者才能产生激情，才能去感染听众。如果演讲者对自己的题目根本不熟悉，似懂非懂，演讲所表明的观点，做出的结论，就必然缺乏坚实可靠的论据。

另外，演讲的选题要合乎演讲者的身份，要能够体现演讲者的个性特点和风格，不能选那些与自己身份根本不相符的方向作为自己的演讲选题。比如，我还没有成为父母，就不适合去讲亲子教育的话题，就算演讲得再精彩，因为身份的关系，也很难令听众信服。

2. 听众想听

很多演讲者在分享的时候，只顾着自己表达，全然不考虑听众是否接收到了你的信息，全然不顾台下听众的感受，不考虑自己讲的东西和听众有什么关系。有的分享者属于自娱自乐型，只顾讲自己想表达的；有的分享者讲得天马行空，让听众仿佛置身于迷雾之中。这种分享，往往会让听众对演讲失去兴趣，感觉时间非常漫长，希望尽快结束。

演讲的本质是传递价值，这种价值就是影响力。通过影响他人的思想，进而改变他人的行为，这样才会让听众受益无穷。我们要有给听众"送礼物"的心态，从听众的角度，而不是从自己的角度出发进行演讲，只有紧扣听众的心弦，才能抓住听众的注意力。

在第二思中，我们说要了解听众的基本信息，以此来明确听众是谁，同时，了解听众关心什么，想听什么。如果你的听众是应届毕业大学生，他们感兴趣的是如何顺利获得企业的录用；如果是老人，他们想知道的是如何更健康；如果是父母，他们想知道的是如何更好地教育孩子；如果是创业者，他们想知道的是如何让企业更成功。

以正确的方式传递你的信息，所以，了解听众对你决定选用什么样的演说内容、案例、表达风格甚至会场布置等，都有很重要的参考依据。而演讲是演讲者与听众的双向交流活动，清晰了解听众的信息，也有利于在演讲中更好地与听众进行互动，活跃现场的氛围。同时演讲者也要全神贯注地关注现场情况，提早发现问题，根据演讲中效果不佳的部分，快速做出调整和改进。

3. 场合需要

大部分企业邀请我授课都是分享演讲技巧，但是有一次我受到一家创业俱乐部的邀请，面对众多的创业者听众，我分享的是自己的创业经历和经验感悟。

所以，演讲者也要根据场合和主办方的要求，弄清楚活动想要表达什么、突出什么、达成什么目标。

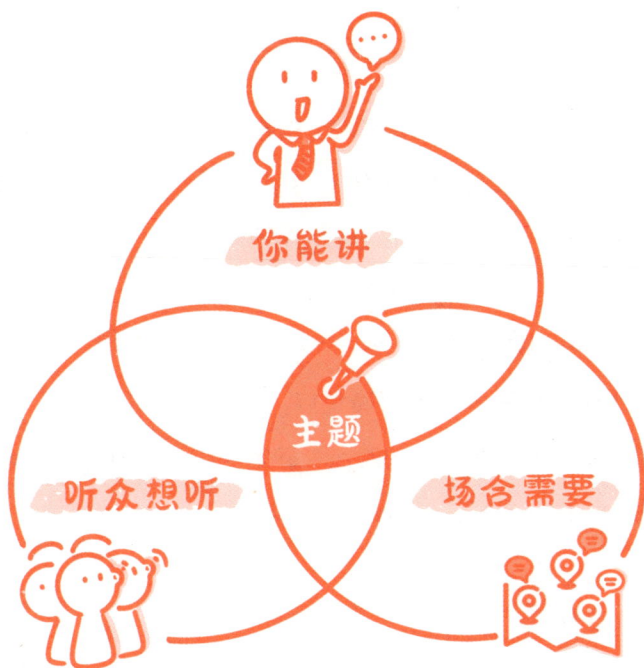

图 2-1　定主题

当我们选择主题时，要找到"你能讲、听众想听、场合需要"三个维度的交集来明确主题的方向，符合三个维度的主题，为做好一场成功的演讲奠定坚实的基础。

另外，我们如果对某个主题很感兴趣，很想分享，在现场我们一开始可以这样和听众说："某某方面虽然不是我的专长，但是我真的很有兴趣，过去一段时间，我针对这个主题，搜集到很多这方面的资料，并且在这方面也有自己的一些想法，当然，我知道在场很多的前辈是这方面的专家，希望我在分享后有任何不到位的地方请大家给予指导。"谦虚的态度一摆出来，针对那些干得比你好的人就不会用百分之百的专业态度要求你，分享后，还有机会得到别人的帮助。

明确演讲的观点

明确主题后我们要明确观点。观点是演讲的灵魂，塑造演讲影响力需要强有力的观点。确定观点时注意五点：聚焦、鲜明、正确、新颖、深刻。

1. 聚焦

一篇演讲只能有一个主题，演讲者必须围绕这个主题展开论述。否则容易造成主题混乱模糊。我曾经在某次活动上听到一场演讲，前部分的演讲都非常顺利和精彩，但是在快结束演讲时，这位演讲者又抛出了一个新的观点，以至于最后这位演讲者没有获得太多听众的投票。

2. 鲜明

演讲的主题要鲜明地表达演讲者的情感，热爱什么、憎恨什么、赞成什么、反对什么，演讲者应该态度明朗，旗帜鲜明，不能含糊不清。

3. 正确

　　演讲的观点必须是积极向上的，如果观点的价值观有问题，就好比选错了食材。如果选择腐坏过期的食材烹饪，吃了必然对身体有害。所以不正确的观点会误导听众，或遭到听众的反对，最终导致整场演讲失败。比如，一位经营福彩店的演讲者，在分享中她的观点是号召大家人生不一定要那么努力，可以多去买彩票碰碰运气，这场演讲即使演绎得很精彩，但依然是场不合格的演讲，因为她传递的价值观有问题。所以，一个好的观点要传递积极的价值观，才能和听众产生更深层次的共鸣。

　　2021 年 11 月 13 日，我们举办了一场主题为"乘风破浪，勇敢向上"的百人演讲分享盛会。在这场演讲盛会上，登上舞台分享的 13 位学员来自不同的行业领域，他们中有律师、精神科医生、高校老师、创业者……13 位学员站在各自的职业视角，为听众呈现了一次高质量的演说盛宴，他们的主题丰富，角度多样：维护法律的公平与正义、为抑郁者发声、如何更好地教育孩子、如何打破自我设限……每一个人的演讲都富有正能量，每一个故事都具有温度，让现场的听众纷纷受到了激励。这次演讲分享会不仅鼓舞更多人勇敢挑战自我，登上舞台，更传播了正能量。

4. 新颖

演讲的主题必须要新颖独特，而不要老生常谈、陈词滥调。比如太阳每天从东边升起，对是对，但是很无趣，没什么新意。

所以具有创意或者有思考深度的观点，才能激发听众的兴趣，给人耳目一新的感觉。

例如，在我的演讲课堂上，有一个以"眼泪"为主题的分享，很多人通常想到的是关于人的眼泪，但是有一位学员的观点是"大海的眼泪"，观点很明确，角度很新颖，现场分享时的感染力也很强，所以最后他以高票当选了我们的"演说之星"。

另外，某卫视的一档节目的全国总冠军曾经做过一篇演讲——《"笨"向未来》，他打破常规思维，提出"人要变得'笨一点'"这个观点，实际上他指的不是我们常规所说的"笨"，而是倡导做事要脚踏实地，不能投机取巧耍小聪明。从标题到立意，角度都非常具有创意。

除了角度立意新颖以外，素材也要有新意。在某节目中，一位演讲者分享了《一滴清水的珍贵》这篇演讲，号召大家要珍惜水资源。节约用水这个话题，已经是老生常谈，如何能更好地触动听众呢？这位演讲者在这篇短小精悍的演讲中，讲述了自己亲身经历的一个故事，在撒哈拉沙漠，他看到了一个小男孩枯坐在沙漠里等待父母取水给他喝，相比我们转开水龙头就能轻松得到一盆清水，这个小男孩的父母获得清水要艰难很多，因为路程遥远，他们来往要 140 千米。这个故事素材很打动人心，摆脱了千篇一律的演讲方式。

5. 深刻

在演讲中，如果观点与思想仅是浮于表面，则很难启发听众，形成影响力和号召力，所以，我们在观点见解上要能洞察本质，深入挖掘，立意深刻。

曾经有位学员分享"整理收纳"这个主题时，她的演讲并没有只是停留在家居生活如何整理的层面上，而是上升到人生的整理，这就达到了由此及彼、由浅入深的演讲效果，立意就更加深刻。

再比如要分享一次"难忘的旅行"，如果只是写一路看到的美景和品尝到的美食，表达的观点只是好玩好吃，就比较肤浅。如果能从这次旅程中所经历的事感受到个人的成长或祖国的强大，从感性的经历上升到理性的呼吁，那么，立意就更高一个层次。

所以，我们演讲时要想传递一个有价值的观点，就要像挖一口井一样，足够深，听众才能喝到甘甜的"井水"。

提炼观点的三种方法

那么如何提炼观点呢？这里和大家分享三个实用的方法，分别是多角度分析法、逆向分析法、假设推理分析法。

东施效颦是《庄子·天运》当中的一个寓言故事，我们用这个故事来分析如何使用三个方法提炼出不同的观点。

1. 多角度分析法

从多角度分析法入手，至少可从三个角度来分析。

西施角度。西施能被东施模仿，说明人人都向往美好的事物。

东施的行为角度。东施模仿西施的动作为什么会更丑？可见，不能盲目模仿，学习要有正确的方法。

东施乡邻们的行为角度。东施乡邻们都嫌弃、害怕地避开东施，为什么不去帮助她，给她指出来？当我们遇到"东施效颦"的人，应该主动指出来并帮助他们。

2. 逆向分析法

从常人思维的反面去思考、分析。东施为什么要去模仿西施？因为东施知道自己不美，爱美之心人皆有之，她认为西施的动作美，于是就去模仿西施，不模仿，那么她就没有希望使自己变得更美一些。这比那些不美也不采取措施去改变的人，不是更有自知之明吗？可见，东施清晰了解自己的缺点并且还努力找方法改进。

3. 假设推理分析法

假如东施也是个美人，去模仿西施，那会怎样？美丽的东施自然不会被人嘲笑，但绝对不会变得更美，因为美需要创新，需要用正确的方法达成，不能一味模仿别人，弄巧成拙。

✍ 观点提炼小练习

挥泪斩马谡，说的是《三国演义》中，因为马谡的骄傲自大导致街亭被破，街亭对于蜀魏都至关重要，而且领军的人偏偏又是诸葛亮十分赏识的马谡，当时街亭失守，整个蜀国处在危险中，为了安抚朝野上下，诸葛亮不得不用马谡的人头来换取民心。

尝试用多角度、逆向分析、假设推理这三种方法来提炼出你独到的观点吧！

第三章

逻辑法则

——告别混乱 10 倍提升说服力

　　演讲时，你是一位优秀的"导游"吗？很多人演讲时天马行空、毫无章法，把听众讲晕，逻辑混乱是其中的"元凶"之一，那么如何有序表达呢？在这一章中，我会为你详细分享打造演讲逻辑力的诸多方法。

有一次，我参加了一个教育行业的小型沙龙活动，当嘉宾分享后，邀请现场的听众提问，马上就有一位校长积极举手，但没想到这位校长絮絮叨叨说了将近 10 分钟，出于礼貌，主讲嘉宾并没有打断她的发言，但是我发现在这个过程中主讲嘉宾的眉头开始紧蹙，其他听众也没有心思听她讲话，坐在我身旁的一位校长悄声地问我："汤老师，你不是教演讲的吗？你能听懂她在表达什么吗？"我也无奈地摇了摇头。

其实在这次提问中，这位校长最大的问题是表达缺乏条理性，以至于现场的嘉宾和听众都不知道她真正想传达的信息是什么，对于她的发言也就逐渐失去了聆听的兴趣。

🖊 理清逻辑结构，让表达更有条理

在工作和生活的表达中，很多人都会出现一些逻辑上的问题，比如语无伦次、条理不清、啰里啰唆、不知所云等，从而增加了沟通难度，降低了工作效率。如果逻辑清晰，在演讲中有哪些好处呢？

　　让听众更容易理解你传达的信息。听众希望了解你的演讲内容和演讲重点，条理清晰可以增强他们对你演讲内容的理解。

　　让听众更容易记忆你传达的信息。条理清晰的演讲，可以让听众更好地识别和记住你的重点。

　　让你的演说更有吸引力。循序渐进、环环相扣地传递信息，更容易一步一步吸引听众聆听你的内容。

　　让你的演说更有说服力。严谨的逻辑结构，相比杂乱无章的演讲会更容易赢得他人的信任。

　　所以，在演讲表达上，只有想清楚，才能说明白，结构有力，表达才有力。

🎤 告别混乱，逻辑表达有方法

　　那么如何让表达具有逻辑性呢？接下来我来给大家分享逻辑表达的六大方法，这些方法能很好地帮助你解决演讲中逻辑混乱的问题。

第一个方法：3S 总分总结构

　　State——陈述你的观点。在演讲一开始，就先抛出结论，引起听众好奇心，抓住听众注意力，引领听众去探寻真相，因为当演讲者直接抛出一个结论时，听众普遍会思考"为什么"，顺着听众探究"为什么"的心理引领听众，而且结论先行，能够使演讲的主题更加分明。

Support——找出支撑观点的论据。在这个部分要列举翔实有力的素材来论证观点，比如故事、时事热点、数据、名言警句等，有了契合观点的论据支撑，论点才能做到以理服人。

Summarize——强调总结观点。结尾要再次强调结论，把观点进行总结升华，给人留下深刻的印象。

看到这里，是不是觉得 3S 总分总结构有点像"汉堡包"，上下两片面包各代表第一和第三个 S，中间部分很丰富，相当于中间的 S——正文部分，所以我也把这个逻辑叫作"汉堡包"结构，直观的形象方便大家记忆。

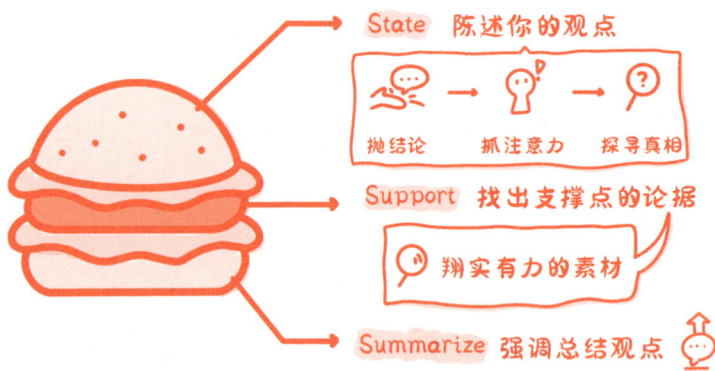

图 3-1　汉堡包总分总模型

　　我曾经到一家企业去培训，互动中有位学员分享到，他曾经在澳大利亚接受过一次面试，面试的题目很有趣——在猫和狗之间，你更喜欢哪一种动物？当时他反应很快，回答的大致思路就是按照总分总的结构：第一步明确表明自己的观点，在猫和狗之间，我更喜欢狗；第二步，展开三点说明喜欢狗的原因；第三步，因为狗有以上这三个优点（具体再次阐述要点），所以，我更喜欢狗。

　　很多名人的演讲也会使用这个方法，比如，俞敏洪在一档节目舞台上的励志演讲——《摆脱恐惧》，就是按照 3S 的逻辑结构来设计的。

　　开场俞敏洪就很明确提出他的观点：你不能上台，不是你没有这个能力，而是不敢。正文部分列举了很多例子来支撑和佐证自己的观点，比如大学时追女生、竞选班干部，还有辞职创业贴小广告的经历以及和马云的对比，语言不乏幽默，最后再次强调、升华自己的观点，这就是使用了我们所说的 3S 总分总结构。

第二个方法：钻石法则

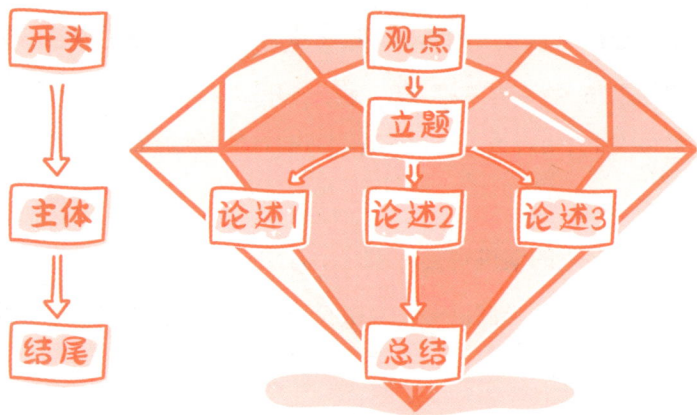

图 3-2　钻石法则

　　"钻石法则"指的是"三段论三点式"，之所以有"钻石法则"之称，除了结构造型形似一颗钻石，主要是因为这个法则对备稿演讲和即兴讲话非常重要而且有效，可谓像钻石一样宝贵。为了让大家对"钻石法则"理解得更清楚，我们不妨分析一个案例。

在一次主题为"教育子女"的演讲中，演讲者说道："各位领导，朋友们，你们好！我想谈谈自己的想法，我觉得教育子女是大事又是难事。家长对孩子心理成长的忽视会让孩子感到孤独。还有一些老师只是重视课程上的教授，在'高分优生'观念的影响下，他们将对孩子的'德育、体育、美育'摆放到了次要地位，这造成了孩子们思想的偏见。成长中的孩子们在步入青春期后会在心理和生理上产生变化，导致他们的一些行为变得偏激和盲目，这时候他们很有可能和家长、老师产生矛盾，这一系列问题都不可小觑。"

这段演讲的问题显而易见——信息不少、思路不清，给听众一种混乱之感。如果遵循"钻石法则"，可以如下这样表达：

"各位领导，朋友们，你们好！我想谈谈自己的想法，我认为教育子女是大事又是难事，为什么这么说呢？第一，从子女自身因素来说，孩子在成长过程中思维也变得成熟，他们有着自己的看法和打算，这些可能与家长的预期产生矛盾；第二，从家长教育方法来说，青春期的孩子们在情感和生理上都产生了变化，一些家长却仍用教育小孩子的方法来对待，偏重责备和管制，忽视了他们心理的健康成长；第三，从老师的教育方法来说，老师是第二任家长，也是孩子成长中的最大帮手，然而，'高分优生'的断论仍旧在学校中存在，一些老师们更加注重孩子们的学习成绩，而对那些'德育、体育、美育'等课程较为忽略，造成孩子们认知的片面性。由此可见，要想找到教育子女的好方法，需要从孩子、家长、老师身上入手。"

前后对照一下，这段话按照"钻石法则"进行修改后，同样的内容表达起来就更加清晰易懂了。

"钻石法则"的运用要点，核心是"三段论三点式"。首先，将讲话分成三段：开头、主体、结尾。演讲者可以从某一点讲起，慢慢地将话题展开，在确定将中心主旨表达出来后进行收尾。如此一来，整个结构就形成了"总—分—总"模式。其次，将主体部分分成三点来说，例如，三点意见、三点感想、三个理由、三点建议等，从三个方面来证明。最后，借助序数词让内容条理化，例如，使用"第一、第二、第三""首先、其次、最后""其一、其二、其三"等引导词将内容进行规划。

第三个方法：W-W-H 问题解决逻辑

W：What——表达是什么或是摆现象。

W：Why——表达为什么，即查原因。

H：How——表达怎么做，即给方法。

为了方便记忆，大家可以用谐音的方式记成"问元芳"——问题、原因、方法。

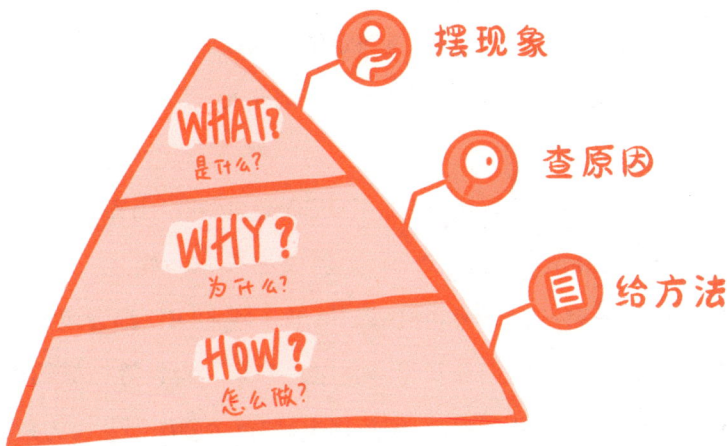

图 3-3　W-W-H 问题解决逻辑

2017 年，我有幸受到樊登读书会的邀请，担任跨年演讲比赛评委之一。记得当时有位选手的演讲主题是关于"谣言"，预赛时我给他的评价是逻辑有点混乱，主题不容易凸显，建议他主体结构采用 W-W-H 的逻辑修改一下。他很快在决赛前对演讲的整体逻辑重新做了调整。经过修改，在决赛时，这位选手结构严谨的内容和出色的呈现为他赢得了现场 100 多位听众的投票（评委只作为点评嘉宾，没有评分权），成为这场跨年演讲比赛的冠军。

另外，W-W-H 逻辑还可以先讲 Why，再讲 How，最后讲 What，这就是有名的"黄金圈法则"。比如：首先，我为什么（Why）要创业，就是决定做创业这件事情的起心动念是什么；其次，我是如何（How）创业的；最后我创业的结果是什么（What）。

这个法则最早由 TED（TED 是指 Technology、Entertainment、Design，中文翻译为技术、娱乐、设计，是美国的一家私有非营利机构。每年 3 月，TED 都会邀请全美优秀人物分享他们在科学、文学、音乐、设计等领域的思想）的一位演讲者西蒙斯·涅克提出。"黄金圈法则"说的是，在和人们沟通时，通过 Why—How—What，也就是从内圈到外圈的结构顺序，向人们阐述你从事某项事业的动机（愿景）—方法—具体特征，能够更容易激发人们的热情。

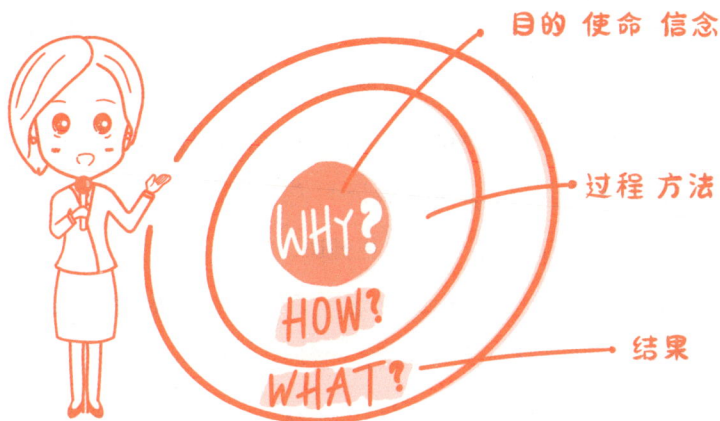

图 3-4　黄金圈法则

2015 年，Facebook（脸书）创始人扎克伯格在清华经管学院做过一次中文演讲，他的框架就是"黄金圈法则"。第一层，他讲了 Why，自己为什么要做 Facebook，他认为能在网上和人连接是非常重要的，他想把人们连接在一起；第二层，他讲的是 How，如何改变世界，有了目标和使命之后，怎样才能做好，他的回答关键是——用心；第三层，他讲了 What，他说改变世界会给你带来什么结果，可以成为全球领导者，可以提高人们的生活水平，可以用互联网影响全世界。

第四个方法:FABE 销售逻辑

F——特征(Features):指产品的特质、特性等最基本功能,要深刻去挖掘产品内在属性,找出差异点。

A——优点(Advantages):列出产品的优势,产品特性究竟发挥了什么功能,向顾客证明"购买的理由",或者列出这个产品独特的地方,比如:更健康、更安全等。

B——利益(Benefits):这一点是这个方法的关键之处,要说清楚你的产品具体给到顾客或者客户什么样的好处。如果前面的优势是卖点,那么利益就是买点,一个是从产品角度阐述优点,一个是从客户角度挖掘需求,以顾客为中心,强调顾客得到的利益,激发顾客的购买欲望。

E——证据(Evidence):有没有成功案例佐证,证明你说的话是真实的,或者体现产品的功能性。可以现场演示,列出证明文件等,材料一定要具有客观性、科学性。

举例:

F——特征:这款手机采用的是德国蔡司公司的摄像头,蔡司是世界上最专业的镜头制造企业。

A——优点:这款手机拍照很清晰,色彩度也很好。

B——好处:当你和你的孩子在一起的时候,

你可以用这款手机清晰地将他可爱的童年时光捕捉下来，然后通过网络上传到朋友圈，和朋友及时分享你的快乐与幸福。

E——证明：很多妈妈都很喜欢这款手机的这个功能，我们来拍个照看看它的清晰度吧。

FABE 销售逻辑法就是先抛出特征，再解释功能，然后阐述功能能够带来的利益，以及证明利益的证据。一套下来，逻辑特别清晰。

第五个方法：SCQA 逻辑

SCQA 是由麦肯锡公司第一位女性咨询顾问芭芭拉·明托在《金字塔原理》中提出。最早这个模型是为了指导麦肯锡内部新入职的咨询顾问如何更清晰、更高效地向客户表达观点。再后来，SCQA 不仅成为麦肯锡公司的内部表达规范，更是在整个咨询行业，甚至在整个商业界都得到了广泛的应用。那么，所谓的 SCQA 模型是什么意思呢？

S——情景（Situation）：由大家都熟悉的情景、事实引入。

C——冲突（Complication）：实际情况往往和我们的要求有冲突。

Q——疑问（Question）：怎么办？

A——回答（Answer）：我们的解决方案是……

比如大家都听过这则耳熟能详的广告：

> 得了灰指甲——陈述背景（S）
>
> 一个传染俩——在这个背景下发生了冲突（C）
>
> 问我怎么办——提出疑惑（Q）
>
> 马上用亮甲——给出解决方案（A）

2020 年 9 月 1 日在"开学第一课"上，某国家传染病医学中心主任的分享开场就使用了 SCQA 模型。

> S——场景描述：今天我们有机会坐在这个窗明几净的课堂里面，事实上，很多个国家今天的病毒还在蔓延。
>
> C——点出冲突：所以同学们，在疫苗来临之前，或者疫苗来临之后，我们仍然会面对有可能会侵略我们的一些病毒、细菌。
>
> Q——提出问题：我们怎样才能做到让自己非常健康地学习和生活呢？
>
> A——解决方案：今天，我在第一课要非常郑重地向大家说十条"健康宝典"建议。

SCQA 模型还有简化版的使用，2006 年某节目现场，1 号选手通过四个问题和解决方案在两分钟内说出了自己的创业计划。在 SCQA 逻辑中，他只使用了 QA 。

各位评委，大家好，我的项目是某旅游网，我的目标是把该旅游网做成中国乃至世界上最大的旅游超市，让所有的旅游者和旅游供应商能够直接在这个平台上进行交流和交易，来减少双方的交易成本。

那么，关于这个项目我想用下面四个问题进行说明。

第一，为什么能赚钱？很简单，因为我们已经帮助客户赚到了钱，在我们的平台上面有四万家旅游企业，很多旅游企业都通过这个平台找到了自己的合作伙伴，所以我们现在收费会员有接近四千家，这是第一。

第二，能赚多少钱？2004 年的时候我们网站的营收是 30 万元，2005 年我们网站的营收是 300 万元，今年我们的目标是 800 万～1000 万元，目前已经完成了 50%，我想如果有 VC（风险投资）的介入，我们的目标是到 2008 年做到 1 个亿。

第三，为什么是我们？我想最重要的原因是我们的团队，我们的团队对旅游行业的热爱，还有就是团队中间的四个人，有三个人都是大学同学，还有一个是老师，我们相识已经有 12 年了，但还有一个原因是我们三年来在这个行业里面建立了一定的技术障碍和壁垒，也建立了品牌忠诚度。

第四，能赚多长时间？ 2005 年中国旅游业的总收入是 7600 亿元人民币，每年将以 10% 的速度增加，到 2020 年的时候整个中国的旅游收入达到 2.5 万亿元人民币。我想这是一个巨大的市场，也是一个值得我和我的团队用一辈子时间去做的一件事情。

第六个方法：时间逻辑

1972 年，当代诗人余光中创作了一首现代诗歌《乡愁》。诗中通过"小时候""长大后""后来啊""而现在"这几个时序语贯串全诗，这首诗所使用的结构就是时间逻辑。

在演讲中，时间顺序是一种常用的方法，比如过去、现在、未来；昨天、今天、明天；上午、下午、晚上；初期、中期、后期。例如：

中国的昨天已经写在人类的史册上，中国的今天正在亿万人民手中创造，中国的明天必将更加美好。

很多领导在公司年终总结的时候会用这种结构，过去我们是如何一步一步走过来的，现在又取得了什么样的骄人战绩，未来，要百尺竿头，更进一步，取得更大的发展。

再比如学演讲的你可以这样说：过去我没学演讲前是一名演讲小白，上台紧张，容易忘词，眼睛不敢看下面的听众，而且逻辑混乱，毫无感染力；现在系统学习演讲之后，我在台上演讲能做到从容自信，逻辑清晰，感染力强；未来我希望用演讲的力量影响更多的人！

除了以上六种逻辑方法外，我们还可以运用以下七种逻辑方法来搭建自己的演讲结构。

表 3-1　七种逻辑方法

逻辑方法	举例
空间	上－中－下；左－中－右；前－中－后；里－外；远－近；北京－上海－深圳
并列	学习演讲要多学习、多练习、多坚持
人物对象	公司－顾客－对手；学校－家长－政府

（续表）

逻辑方法	举例
程序	第一步 — 第二步 — 第三步； 第一个环节 — 第二个环节 — 第三个环节
范畴	个人 — 家庭 — 国家；员工 — 团队 — 公司
程度	最重要 — 其次重要 — 一般重要
正反	正确 — 错误；好 — 坏；优势 — 劣势

最后我要特别强调一下，在逻辑表述中，要给听众设置路标，方便听众沿着设置好的路标来聆听。有些人讲话就像脚踩西瓜皮——溜到哪里算哪里，讲着讲着自己都迷路了，听众听着听着也迷路了，那是因为他们不会设置路标。

开车上高速公路，如果没有路标指引就很容易迷路，讲话也一样，如果没有线索，听众很容易会听迷糊。怎样设置路标呢？将你接下来要讲的内容提前压缩预告，比如在抛出结论后，说"接下来我要讲三点：第一点，关于……第二点，关于……第三点，关于……"要简单明确，用三句话形成三个路标。听众听着非常清晰，也不会轻易忘记。

所以从今天开始，关注自己的表达习惯，从觉察到刻意练习，让讲话更加有条理，更具说服力！

🎤 吸睛标题的设计技巧

下面这两个标题，你认为哪个更吸引人？

> ●《时间管理技巧》
> ●《学好时间管理，让你的收入增长 10 倍》

毋庸置疑，第二个标题更吸引人。因为其中直观表明了学习这门课程带来的利益好处。如果我们逛书店，看着书架上陈列的书籍时，通常被一本书吸引，停下脚步驻足翻阅，会是什么原因呢？一般有两个：第一是封面设计，第二就是书名。在文章的写作中有一句话叫"题好一半文"，文章的标题就好比一篇文章的眼睛，通过它我们可以窥见文章的灵魂。

而在演讲中，标题具有吸引力同样很重要。但是很多人都不太重视标题的设计。比如我遇到一些学员的年终总结 PPT 标题都是千篇一律，诸如："人力资源部 2020 年年终总结及 2021 年规划""财务部 2020 年年终总结及 2021 年规划"等，PPT 的封面页就相当于一本书的封面，打开的第一页就进入听众的视线里，如果太过普通，不容易让人眼前一亮。

那么，如何设计夺人眼球的标题呢？要遵循三个原则：

第一，简单、准确，就是要围绕主题，概括性要强，标题明确，不拖沓，不能太长，标题太长听众记不住。

第二，要具有利益导向，标题中告诉听众演讲可以带来的好处，关乎听众的利益。

第三，标题要有创意，为了吸引听众注意力，新颖、富有创意性的标题往往更容易博得听众的关注。

设计标题的 8 种方法

1. 对仗法

比如：《不忘初心 方得始终》

格力集团董事长董明珠曾经在某论坛上做过一次演讲，标题为《大国重器 智造未来》，这八个字很是对仗，现在很多 PPT 演讲，八个字对仗的主标题也是被经常使用。

2. 利益法

如今我们看到网络上很多标题，不论是新闻、公众号文章还是课程，都会起一些具有噱头的标题，当然我们不倡导大家做"标题党"，而是在依据核心思想的基础上去巧妙构思标题，引发听众的关注或者聆听的兴趣。

比如我们前面所说的《学好时间管理，让你的收入增长 10 倍》，再比如《8 节课帮你塑造魔鬼身材》，等等。

3. 文字包装法

2019 年，中国邮政宣布与华为结为全面战略合作伙伴时，媒体的新闻报道中起了这样一个标题《中华有为 邮你政好》，既把华为和邮政嵌入进去了，同时也表达了邮政和华为联手，一起创造新辉煌的美好憧憬。

再比如：《清洁能源成就"晋善晋美"》，出自成语"尽善尽美"，这里的"晋"是山西的简称，指代成就山西的美好生态环境。

让《大"咖"打开你的心"啡"》，我们一看这个标题就知道是说关于咖啡之类的话题，这篇文章就是讲述一个咖啡师的故事。

主题：《以心造物 如"木"春风》，分标题是光彩夺"木"、琳琅满"木"、耳濡"木"染、赏心悦"木"。主标题的"木"本来是"沐"，分标题里的"木"原本都是"目"，所以一看到这个标题就知道这是与木头相关的文章，所以标题设计很有创意。

4. 影视剧法

我们可以通过一些影视剧、歌曲的名字及当中流行的台词，作为标题设计的灵感来源。

比如：当年大火的宫廷剧——《甄嬛传》，如果我们要做一个关于如何拒绝他人请求的演讲，可以设计如下标题。

主标:《臣妾做不到》

副标:《合理拒绝他人请求的 3 个步骤》

再比如:《调度遇上分公司——如何加强生产调度管理》，主标创意出自电影《北京遇上西雅图》;《柜员特烦恼——浅谈优质文明服务》，主标创意出自《夏洛特烦恼》;《那些年我们遇到的难题——一线员工常见五大难题解决办法》，主标创意出自《那些年，我们一起追的女孩》;《滚蛋吧！鸭梨君——论压力化解的 3 个办法》，主标创意出自《滚蛋吧！肿瘤君》。

以此类推，也可以引用流行歌曲作为演讲的标题，比如《我的未来不是梦》《常回家看看》等。

5. 制造悬念法

充满悬念的标题能够引发听众的好奇心和注意力，比如:《我被辞退了，但我好开心》，这个标题打破常规，正常被辞退都是件令人失落难过的事情，但是这个标题却让人很意外，原来演讲中主讲人讲述的是因为当年自己被辞退，后面选择创业并且获得成功的故事。

6. 拟人法

把物比作人的标题设计，让听众看了会认为标题很生动，并且留下深刻的印象，比如《别让手机成为婚姻的"第三者"》。

7. 疑问法

疑问法是通过标题的疑问句式设计，引发听众思考，从而引起听众对演讲的兴趣，比如《你比五年前过得更好吗?》。

8. 肯定法

肯定的句式标题，直截了当，不仅把演讲观点很鲜明地亮出来，让听众一目了然清晰演讲的中心思想，而且具有一定的号召性，比如《请永远不要说你不会》。

🎤 一鸣惊人：精彩开场白的设计技巧

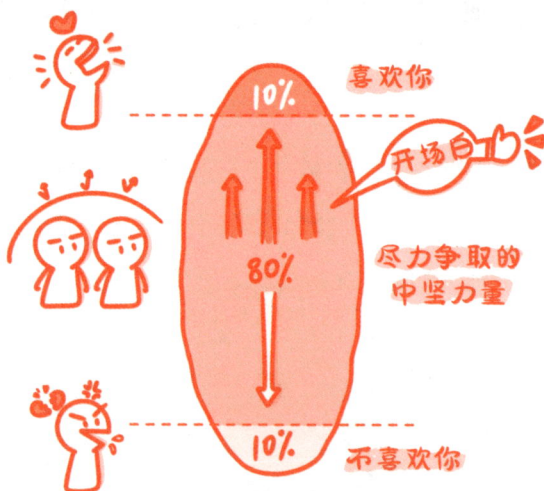

图 3-5 橄榄核定律

在开场白中有一个橄榄核定律，指的是在没做演讲开场前，当听众看到演讲者的第一眼，10% 的听众第一眼就很喜欢，而 10% 的听众第一眼就会产生反感情绪，另外 80% 的听众是无感的，说明大部分听众是保持中立的态度。当你站在台上开始演讲时，80% 的这部分中立听众是往上移动聚集在喜欢的部分，还是往下移动聚集在不喜欢的部分，取决于你的开场白。

所以，开场白做不好等于白开场。开场白的成功与否关乎着一场演讲的成败。

一般来说，开场白有四大作用。

吸引听众的注意力。

树立权威，建立信任感。

表明演讲主题，概述要点。

与听众建立良好的关系。

好的开场白，不但能迅速创造融洽的气氛，拉近心与心之间的距离，还能一开始就牢牢抓住听众的心，使听众对演讲内容产生一种强烈的渴望感，让听众愿意听，继续听。

反之，如果演讲的开头不怎么样，就会让听众马上产生心理落差，一下子失去听的兴趣，而演讲者的信心也会受到影响。

所以，优秀的演说家都会在演讲开头下一番功夫。他们会精心设计一个独具特色、别开生面的开场白，力图使演讲一开始就能控制全场、抓住听众的心，以便博得听众的好感，为自己的演讲成功奠定基础。

精彩的开场白需要一定的技巧，并且这些技巧可以遵循一定的模式和规律。

演讲的开场类型可以分为导入型和过渡型。

导入型开场白技巧

导入型开场白的形式丰富多样，选择恰当的方法，不仅能巧妙地引出主题，还能激发听众的兴趣。

1. 激发兴趣法

> 在一个小镇里，整个小镇的人都面临着经济危机，因为所有人都不在这个镇上消费。这时候一群高中生拯救了这个小镇，他们提出了一个方案，使这个镇的 GDP 在一年之内翻了两倍。你们猜他们怎么做到的？

这样的开场白成功激发了大家聆听的兴趣。曾经有一位学员在一次以"细节"为主题的分享中，开场是这样说的：

> 大家来猜一下，有一棵高大的椰子树，有四种动物：猩猩、猴子、人猿、金刚，你认为哪种动物会先摘到香蕉？其他学员的回答五花八门，但是这位学员听后，说："大家忽略了一个细节，椰子树上怎么会长香蕉呢？"

　　这种开场不仅能吸引听众的注意力，引发听众的好奇心，也能让演讲者与听众产生互动，而且很好地引出了"细节"这个主题。以此类推，我们可以使用类似猜字谜等的开场白方式。

2. 戏剧性开场法

　　在央视的一档主持人比赛节目中，一位新闻类选手在开场说完，"大家好，欢迎收看《环球新瞭望》，我是××"后，突然停顿，正当大家都诧异她这个行为，甚至以为她忘词时，她接着说，"就在我刚刚停顿的这几秒钟里，在非洲，可能就会有一个人因为饥饿而离开这个世界……"，这个大胆创新的戏剧性开场方式，令人耳目一新。

　　这个方法不仅可以用在开场，也可以使用在正文内容中，曾经在分享热点新闻时，有位学员分享了"家暴"这个主题，在演讲过程中她突然停顿了大概 7 秒，随后说，"在我刚刚停顿的这 7 秒钟里，就有一位中国女性被家暴"，震撼之余也给人留下了深刻的印象。

3. 故事、案例法

　　开场讲故事能快速吸引听众的注意力。可以讲哪些故事呢？比如自己的故事、别人的故事、寓言哲理小故事等；也可以使用案例，比如工作案例、热点新闻案例等，生动的故事或事件往往能引发听众的兴趣。接下来，我们举个故事开头的例子。

很久以前，当人还是赤脚走路的时候，有一个国王，他到偏远的乡间旅行，路面上有很多小石子，刺得他的脚又痛又麻。回到皇宫后，他下了一道命令，要将全国所有的路都铺上牛皮，他认为这样做不仅是为自己，还造福于人民。大臣们很苦恼，因为即使杀尽全国所有的牛也铺不满路。但是大臣们又不敢违抗国王的指令。正当大臣们一筹莫展的时候，有一位聪明的仆人大胆地向国王提出建议："国王啊，其实不必这么麻烦，只要用两片牛皮来包住您的脚就可以了。"国王听了当下领悟，采纳了这个建议。据说这就是皮鞋的由来。这个故事告诉我们，当我们无法改变外界的时候，可以改变自己，今天我和大家分享的主题就是"改变自己"。

使用故事、案例开场要注意两点：开场的故事一般要比较简短，不能过于冗长；必须要与主题相关联，起到导出主题的作用，不是为了开场而开场。

4. 名言、诗词、金句法

名言、诗词、金句、常用谚语等，由于具有深刻的哲理、丰富的情感、优美的语言和耳熟能详等特点，深受人们的喜爱和传诵，而且引用这些句子会让演讲具有权威性和说服力。

当球王贝利踢进 1000 个球之后，有记者问他："在 1000 个球中，你认为哪个踢得最精彩？"贝利回答："下一个。"所以，努力追求"下一个"是优秀运动员和各行各业精英人物的共同品质。

5. 提问法

在演讲开场向听众提问题，可以马上引起听众的注意，便于演讲者与听众产生互动而且也有利于主题的导入。

一位演讲选手在分享《养老院的一天》中开场就问了两个问题：

有一所养老院，硬件设施非常非常好，服务也非常非常好，你们愿不愿意把自己的父母送进养老院，同意的请举手我看一下，没有一个人，太吓人了。第二个问题，当大家老的那一天，子女要把你送进养老院，你会不会同意，同意的请举手，这个是有一些人举手，有一些人没举手，我也不知道该如何选择。我只能告诉大家我在养老院所看到的世界吧。

用提问开场，除了可以问听众外，还可以用设问的方式，自问自答。有一位演讲者做了一场演讲——《10 天建成火神山的真相》，他的开场是这样说的：

有人问我："给你 10 天，你能做些什么？" 10 天，10 天我能读完一本百万字的小说，10 天我应该能准备出一场高质量的辩论赛，10 天没准我能追完一整部《庆余年》呢！但是在 2020 年的冬天，我们所有人都目睹了一个不可思议的奇迹：从空无人烟的荒地，到一座占地 34000 平方米，拥有 1000 个床位的传染病医院，10 天。要知道，在全球范围内，建设一座 500 张以上床位的传染病医院，至少需要两年的时间，而我们，10 天，这就是我们武汉的火神山医院。

这种方式开场能引起听众思考和注意，同时也强化了主题，顺利引出后面的演讲内容。

6. 数据法

使用数据更有说服力，通过给观众带来震撼的数据，引起观众对于主题的重视。

《一滴清水的珍贵》这篇演讲，开场运用的就是数据：

> 经过联合国的统计，每分钟在非洲有一个小孩子因为水的问题而死亡，这也更意味着我们很轻松地转开水龙头的时候得到这一盆清水，有很多人必须要用生命去换取它。

在使用数据时，有三点需要注意。

标注数字的来源

演讲者在运用数据开场时，出处点明了来于"联合国的统计"。

把数据化抽象为生动

数据生动化，能够让死板的数据鲜活起来。比如某奶茶的广告语："杯装奶茶开创者，连续六年销量领先。一年卖出七亿多杯，连起来可绕地球两圈！"如果说一年卖出七亿多杯，我相信大家听到这个数字肯定感觉很抽象，没概念。但是解释成"连起来可绕地球两圈"，马上就给人很直观的感觉。

数据的扩大和缩小使用

数字是有力量的！为了让听众对演讲内容更有感知，演讲者使用数字时可以相应地扩大或缩小数字，让观众产生共鸣。这是演讲中非常有力的佐证，可以给观众信服感。

先来看一个数字扩大的例子：

乔布斯要求工程师缩短 Mac 开机时间，大家对于这几秒钟的时间并没有感觉，那乔布斯该如何说服他们呢？乔布斯说，"如果 Mac 卖出 500 万台，而每天每台机器开机多花费 10 秒钟，那加起来每年就要浪费大约 3 亿分钟，而 3 亿分钟至少相当于 100 个人的寿命"。乔布斯将缩短 Mac 开机时间比喻为救人性命，这样的说服方式产生了震撼人心的力量，让工程师们心生使命感。乔布斯在这里将数字进行了扩大。

再来说数字缩小的例子，大家应该都有看过房子和车子的广告，类似"一天少抽一包烟，宝马开回家"，意向客户看到这些广告文案后会产生"买宝马并不会难以企及"的想法。这使用的是一种"价格分解法"，就是把价格分解到每月、每年、每时，通过缩小数字来促进成交。

因此，在演讲中，为了更好地说服听众，演讲者可以引用数据，并进行共鸣化包装。

7. 视觉道具法

在开场白给听众展示某件实物，引起听众的注意，然后借助具体的实物，提出和阐述自己的观点和见解，顺利把听众带到自己的演讲中来。

有一次，我受邀作为演讲嘉宾做一场分享，听众是教育行业的校长，因为是在下午，大家明显有点犯困，当我察觉到这种情况后，为了让他们更专注地聆听我的分享，准备来一个与众不同的开场，先"唤醒"他们。

看到酒店现场有香槟杯，上台时，我拿着一个香槟杯、一支笔，和在座的各位校长说："在开场分享前我想和各位校长玩一个小游戏，一会儿我会用笔敲击杯子，'演奏'出一段歌曲的旋律，保证现场的每位校长都听过这首歌，看看有没有人最快猜到，猜到的朋友，可以获得一份礼物（提前和主办方进行过沟通）。"之后我开始敲击，这时候全场每一个人都竖起了耳朵认真在听，第一遍没有人猜对，我又敲击了第二遍，这时候有人猜对了，顺势也达到了开场吸引听众注意的目的。

同时，这个游戏也符合现场的听众。当游戏结束时，我与大家说："这个游戏其实反映了一种现象，叫作'知识的诅咒'，说的是在别人学习我们已经掌握的东西，或是从事我们所熟悉的工作时，我们会错估他需要花费的时间。就像我敲杯子的时候，认为自己敲得很清楚，因为我知道自己敲击的是什么歌，但是作为听的人，你们可能会认为我敲得乱七八糟的。

"同样，我们从事教育行业，老师通常会受这种错觉的影响，比如认为微积分非常容易的教师，在面对刚接触这一科目或是学不好这一科目的学生时，往往不能从学生的角度考虑问题。

"所以，在座的各位校长，这就是为什么我们做教育的过程中，会出现感觉自己已经说得很明白了，甚至还做了示范，可你教的人，还是懵懵懂懂，怎么也学不会的原因。因为你们所站的视角不同。老师系统全面地掌握了所有的知识点，而学生却只掌握了局部，如果老师还用专业晦涩的方式教授，难免会让学生难以掌握，因此，我们在教学工作中，一定要避免'知识的诅咒'。"

因为这个"唤醒"开场，给我的演讲做了一个很好的开端，所以当天演讲很成功，我作为唯一的受邀分享嘉宾，现场的表现也被主办方总部的领导看到，并把我的分享视频拍摄下来发送到他们的管理群，并强调：以后分享嘉宾就按照这个标准来邀请。

运用道具时要注意三点：

● 紧密结合正在讲的内容。

● 注意熟练操作，防止意外，避免弄巧成拙。

● 选择的道具最好显眼、足够大，方便所有观众看清楚。

8. 图片法

图片在演讲中有吸引眼球、形象直观、引发思考的作用。

比如使用《西游记》师徒四人在一起的一张图片举例：

相信大家都看过这部经典的电视剧——《西游记》，请问，大家看这张图上有几个人？有的人说 4 个，眼尖的伙伴说 5 个，没有忘记把白龙马算进去，但是实际上只有一个是人，是谁呢？唐僧。接着，再问一下大家，如果这是一个团队，必须要裁掉一个，你们认为应该裁掉谁呢？很多人第一反应会说是猪八戒，因为猪八戒好吃懒做，还好色，但是各位，我们一个个来分析下。

　　唐僧在团队中是一个领导者的角色，专门指引方向，带领大家前往西天取经；孙悟空，九九八十一难，一路斩妖除魔，他属于业务能手，更是不能裁掉；沙僧能裁掉吗？也不能，为什么呢？大家发现没，取经这一路，最累的活——挑担子是沙僧负责的，企业当中可以说50%的人都是"沙僧"，把他裁掉了，公司也就凉了；最后再看最有争议的猪八戒，据说有家杂志社曾做过一个有趣的调查，《西游记》中的师徒四人，唐僧、孙悟空、猪八戒、沙僧，你最想嫁给谁？出乎意料，猪八戒以80%以上的票数高票当选。而在团队中，猪八戒虽然好吃懒做，但是这一路他充当了一个什么角色呢？开心果，团队的氛围调节者，没有他，取经这一路得多寂寞。

　　在座的各位管理者，大家发现没有，团队中的每个人都有他的优点，真正优秀的管理者应该看到并且擅于充分发挥成员的优点，从而打造一个高效运营的团队。今天我要为大家分享的主题就是——"如何打造卓越团队"。

9. 视频法

2013 年 12 月，某演员被中央电视台某节目邀请做一场演讲。在演讲开始之前，他让大家先看了一部动画片，动画片里有一只小熊在队伍的后面排队，它看到其中一边人少就跑到那边，谁知它刚换队伍，又发现原来那个队伍人少。它就来回奔波着，结果其他人都排到队了，它还是没排到。

动画片播放结束后，这位演员说："我想在生活中很多人排队都遇到过这种情景，很多人还扮演着那只小熊的角色。我们站在路的这一头，看见一个路口，就想那个路的尽头，肯定有非常美丽的风景。于是我们就走过去了，走啊走，这边又出现一个岔路口。于是，我们又往那儿走，就这样反反复复地犹豫彷徨。有很多人问我，你是怎样做到的，作为一个专业的职业演员，那么好的年华，周而复始，反反复复地做一件事，只演一个人物？我会告诉他，我会用一辈子做好一件事！"

这个开场白非常巧妙地引出了演讲主题——一辈子做好一件事。

演讲开场使用视频能够吸引听众的注意力，在使用中要注意：

- 视频不宜过长。

- 播放的视频画质要高，不能过于模糊。

- 演讲前，无论是插入 PPT 还是在文件外播放，都要提前试播一下，看看是否会出现视频播放不流畅等情况。

10. 时间轴做陈述和回顾

乔布斯在 2007 年苹果公司大会上发布 iPhone 的演讲中使用的就是时间轴开场。

这一天，我已经期待了 2 年 6 个月，每隔一段时间，就会有一个革命性的产品出现，然后改变一切。一个人一生能参与一件革命性产品就够幸运的了，而苹果非常幸运，能够在过去的日子里给大家介绍了这几件产品：1984 年，我们发布了 Macintosh 电脑，它不仅改变了苹果，也改变了整个电脑行业；2001 年，我们发布了第一台 iPod，它不仅改变了我们听音乐的方式，也改变了整个音乐产业。然而今天，我们要发布三件这样级别的产品：第一件，是一个触摸控制的宽屏幕 iPod；第二件，是一个革命性的移动电话；第三件，是一个突破性的互联网通信工具。

三样东西，一个触摸控制的宽屏幕 iPod；一个革命性的移动电话；还有一个突破性的互联网通信工具。一个 iPod，一个手机，一个互联网通讯器，你们明白我说的是什么吗？这不是三个独立的设备，这是一个设备，我们把它起名为 iPhone。今天，苹果要重新发明手机。

乔布斯没有平铺直叙地说"今天，我非常高兴地宣布，苹果第一代智能手机正式发布了！这是一款结合了浏览器和 iPod 的新一代智能手机，真的是太棒了"，而是把现场气氛一步步带向高潮。所以，精彩的演讲是设计出来的。

11. 制造悬念

人们都有好奇的天性，一旦有了疑虑，就想探明结果。为了激发听众的强烈兴趣，可以使用"悬念手法"。在开场白中制造悬念，往往会收到奇效。

有位退休的老干部，回到单位给年轻的干部做分享，开场时，老干部问："大家知道，人是从哪里开始老起的吗？"听众甲："大脑。"听众乙："大腿。"听众丙："肚皮。"老干部说："我看有的人是从屁股开始老起的。"听到这里，全场哄堂大笑，老干部说："某些领导不深入实际，整天泡在'文山会海'里坐而论道，屁股就受苦了，既要负担上身的重压，又要和板凳摩擦。这样一来，那不就是从屁股开始老起吗？"

答案在意料之外，但是回答又在情理之中，开场中，老干部的演说目的是要抨击官僚主义。首先他利用提问的方式制造了一个悬念给听众，调动了绝大多数听众的积极性，紧接着他又给出一个意料之外的解答，制造了"第二悬念"，引发了听众情绪，也让大家开始反思。

12. 历史上的今天

这是一种万能的开场白方法，我们在网络上可以搜"历史上的今天"，比如今天是某年某月某日，你可以在网站上搜索不同年份在同日发生的重大历史事件，注意要选择不同年份积极正面且知名的事件，这个开场的结构是：

A + B + C，即 A（历史上的重大事件 1）+ B（历史上的重大事件 2）+ C（今天的重大事件），在说完 A 和 B，引导出 C 的时候可以来一句转折句：而今天，也注定是一个不平凡的日子，因为今天……

过渡型开场白技巧

前面我们分享的 12 种开场白的方式都属于导入型，可以顺利引导出主题，其实，还有一些过渡型的开场白大家可以结合导入型进行。

下面为大家分享以下两种过渡型开场白技巧。

1. 赞美法

开场我们有个目的，就是拉近与听众的距离，赞美就是一个非常不错的方式。

有位培训师到海尔公司做演讲，他的开场白是这么说的：各位海尔的朋友们，你们好！今天很高兴能和你们见面，因为你们是中国的骄傲，是你们让中国成千上万的家庭都能享受现代化的产品。我在家打开海尔冰箱储存食品、打开海尔洗衣机清洗衣服、打开海尔电视机观看节目时，我在想，是你们——海尔的员工，创造了这么多优质的产品；是你们这些无名英雄，创造了今天的海尔，使海尔取得了世界级的荣耀。我要再一次向你们——海尔的无名英雄，致以最真诚的敬意。

除了赞美听众的职业和公司外，我们还可以赞美听众的学习热情以及听众所在的城市等。

2. 幽默法

用幽默的话语开场，既能快速地吸引听众，引人发笑，又能活跃会场气氛，让人在笑声中思考。

比如，下面这个例子：

1862 年，美国著名黑人律师约翰·罗克勤在一次听众都是白人的演讲会上，做了一场主题为"解放黑人奴隶"的演说。他上台之后先是自我解嘲："女士们，先生们，我来到这里，与其说是演说，倒不如说是给这一场合增添一点点'颜色'……"他话还没说完，台下听众早已笑翻一片。

开场的禁忌

分享完这些实用的开场白，我们来看看开场白有哪些禁忌。

1. 自夸式

开场白虽然要树立权威性，提升听众的信任度，但是切勿自夸过度，引起听众的反感，以及产生挑战你的想法。

2. 自杀式

不能在开场说负面的话，比如，"不好意思，前一天加班，今天没有准备，大家见谅"。我们在第一章强调过准备的重要性，如果今天你的分享是 1 个小时，现场 100 个人听，那么就浪费了 100 个小时，这对听众是很不尊重的，不仅会造成演讲的失败，更影响了你在听众心目中的形象。

3. 驴唇不对马嘴

不能前面阐述"长江"的内容，后面就来个"黄河大合唱"。

4. 引言过长

开场白要避免冗长，一直进入不了主题，会让现场的听众没有耐心。

5. 专业的词汇

避免在开场阐述过多专业的词汇，让听众不理解，也会让听众觉得分享嘉宾过于刻意塑造自己的专业形象。如果给没有大量使用英文交流的企业做演讲，还时不时在分享里夹杂一些"散装"英文，听众接收信息会有所困难，若是关键信息用了英文，无疑会让整场演讲效果大打折扣。

说完开场的重要性、方法和禁忌后，我们再来看看结尾。俗话说："编筐编篓，重在收口。"如果演讲者演讲的开头部分已经先声夺人、不落俗套，主体部分也高潮迭起、惊喜不断，最后再来一个出人意料、耐人寻味的结尾，那么这个结尾就如同锦上添花，能给听众带来形式上的完美和精神上的满足。

所以，结尾可以重复观点，强化目标，也可以升华主题，令人回味，或者引起共鸣，激发行动。与此相反，如果演讲者的结尾部分，平庸又毫无新意、陈旧又苍白无力，那听众就会觉得狗尾续貂，深感遗憾，失望而去。

🎤 余味无穷：精彩结尾的设计技巧

既然结尾这么重要，那常用的结尾方法有哪些呢？

总结号召法

总结式结尾就是在演讲结束时，演讲者用一段极其简练的话来对前面讲过的内容和观点做一个高度概括性的总结，目的是突出中心、强化主题、首尾呼应，起到画龙点睛的作用。

号召式结尾，就是演讲者在演讲结束时，以慷慨激昂、热情澎湃的语言，对台下听众进行呼唤，或提出希望、或展示未来、或发出号召，目的是引起听众的情感共鸣，尽可能促使听众做出某种行动。我们会发现很多励志型的演讲结尾都是使用号召式。

比如我们分享《高效时间管理技巧》这个主题，结尾可以这样说：

今天我们学习了时间管理的三大技巧：二八时间管理法则、时间管理四象限法则、善于做计划。有句话是这样说的，我们无法决定人生的长度，但是我们可以决定人生的宽度和高度，希望在座的每一位朋友都能把今天学到的时间管理技巧运用在生

活和工作中，不断拓宽人生的宽度，活出人生的
高度！

　　谢谢大家！

故事法

　　一般来说，在演讲的最后讲一个发人深省的故事来与演讲
主题呼应，能起到非常好的效果，因为好故事带给听众的印象
往往比简单地叙述更加深刻。

　　在演讲主题为《孝顺这个词，是由后悔构成的》演讲中，
演讲者采用的就是故事式结尾。

　　　　古代有个人叫韩伯俞，母亲在他犯错的时候，
总会严厉地教导他，有时还会打他。他长大成人后，
只要犯错，母亲依然会如此教训他。有一次母亲打
他时，韩伯俞突然放声大哭。母亲很惊讶，几十年
来打他，他从未哭过。于是就问儿子："为什么要
哭？"韩伯俞回答说："从小到大，母亲打我，我都
觉得很痛。但今天母亲打我，我已经感觉不到痛了。
这说明母亲的身体越来越虚弱，我奉养母亲的时间
越来越短了。"

这个故事，真是让人唏嘘。父母在，人生即有来处；父母去，人生只剩归途。

谢谢大家！

金句、谚语、诗词、名人名言

演讲结尾可以选用一些脍炙人口、哲理性强，或者抒情性好的现代诗、古诗词、金句。

这种结尾方式不但能提高演讲的档次，还会让观众耳目一新，有如沐春风的感觉。

诺贝尔医学奖得主屠呦呦在瑞典演讲的结尾是这样说的：

最后，我想与大家分享一首我国唐代有名的诗篇，王之涣所写的《登鹳雀楼》：白日依山尽，黄河入海流，欲穷千里目，更上一层楼。请大家有机会时更上一层楼，去领略中国文化的魅力，发现蕴涵于传统中医药中的宝藏！

这段结尾既彰显了中国东方的文化魅力，又升华了主题。

祝福式

不可否认，真诚的祝福或者热烈的祝贺，最能打动人心，引起听众的情感共鸣。用祝福、祝贺等话语来结尾，能够营造热情洋溢、满堂欢喜的气氛，使听众在快乐中提升自豪感和荣誉感，也能激励听众满怀信心地去创造未来。

祝福式结尾分为节日型和非节日型。

节日型，就是逢年过节的祝福。

> 最后，在春节即将到来之际，我借此机会向全市的父老兄弟、姐妹们拜个早年。祝老年人春节愉快、身体健康、万事如意！祝中年人春节快乐、家庭幸福、事业成功！祝年轻人春节欢乐、爱情甜蜜、前程无量！祝大家年年幸福年年富，岁岁平安岁岁欢！谢谢大家！

非节日型，比如步入人生新的阶段等。

> 从今天起，你们将跨入人生崭新的阶段，我祝贺你们，祝福你们，祝贺你们顺利毕业，祝福大家前程似锦、一切平安！

幽默式

幽默的结尾方式既能引人发笑，又能引人深思。

> 在一次演说中，文学家老舍上台后，采用了开门见山式的开场白，他一开口就说："我今天主要跟大家谈六个问题。"接着，他第一、第二、第三、第四、第五，按着顺序一个个地谈下去。谈完了第五个问题后，老舍一看离散会的时间不多了。于是，他提高了嗓门，一本正经地说："第六，散会！"听众起初先是一愣，但几秒钟后，现场听众马上报以热烈的掌声。

首尾呼应式

首尾呼应就是演讲的开头与结尾相互照应，使文章浑然一体，并且起到了强调观点的作用。比如新精英生涯创始人古典在 TED 中的一次演讲——《做生活的高手》就是采用了首尾呼应。

开场白：

（摆了个功夫熊猫的姿势）他们说我长得很像功夫熊猫，所以我就用这样的方式开场吧。我有一个心理学老师，他是当代排名前列的催眠大师，叫GLIGEN，他本人也是一个合气道高手，他给我们讲过合气道高手是如何训练的，你会先走进一个房间，房间的四周贴满了纸条，而四面八方会有很多高手向你攻过来，同时你要做的事情是干什么呢？就是一边迎击这些人，一边读出墙上的字。

结尾：

大家还记得一开始的那个故事吗？经常会有人跟我说："古典，如果是你你会怎么办？"我有一个很好玩的答案，我想说，我会走到房间正中间，然后，哈，摆出一个姿势，等到所有人都向我进攻的时候，我突然扭头，随便打倒一个离我最近的人，然后围着房间跑一圈，把那些字读出来，因为那才是我来到这个房间所需要做的事情，我不是为了打架而来，我是为了追寻梦想而来的。各位，什么是生活的高手？专注于你的目标，专注于你的梦想，而不是你的敌人，不要把你的眼睛交给你的敌人，要交给你的梦想，盯紧它，向它大步跑过去，虽然途中会挨那么几拳，但是因为那是你的梦想，所以我想一定值！谢谢。

前后的呼应，再次给听众强调了如何做生活的高手这个观点。

排比式

我认为最典型的例子是马丁·路德·金的演讲：《我有一个梦想》。全篇都采用了排比的修辞手法。

还有柴静在《认识的人，了解的事》演讲中的结尾也采用了排比，她是这样说的：

一个国家是由一个个具体的人构成的，她由这些人创造并且决定。只有一个国家拥有那些寻求真理的人，能够独立思考的人，能够记录真实的人，能够不计利害为这片土地付出的人，能够去捍卫自己宪法权利的人，能够知道世界并不完美，但是仍不言乏力，不言放弃的人，只有这个国家拥有这样

> 的头脑和灵魂，我们才能说，我们为祖国骄傲。只
> 有一个国家珍重这样的头脑和灵魂，我们才能说，
> 我们有信心，让明天更好！

　　这种方式可以把演讲一步步推向高潮，若在最后结束的时候再次提出来，可以提升演讲的感染力，让听众加深印象。

　　同时，对待层层扩展、步步深入的排比句，演讲者要逐步加大音量。一句比一句的气势更强，这样能有效引导观众做出鼓掌的动作。

　　所有的方法都不是孤立的，往往可以综合使用几种方法，要随机应变，灵活运用，才能达到画龙点睛、锦上添花的效果。

　　学到的、听到的不是你的，用起来才是你的！快去找舞台实战练习吧！

第四章

感染力法则

——打动人心 让你的演讲令人难忘

　　讲话不吸引人，听众容易走神。如果你的演讲无趣、枯燥，这时候，需要提升演讲感染力。这就像一盘菜，仅仅只是好吃是不够的，若在摆盘和配色等方面加以考究就会更加完美，因为形式和内容一样重要。

下面两句话，你认为哪句话更有感染力？

- 请勿践踏草坪。
- 亲，别踩我，我会疼哦。

同一个意思，但是用不同的方式表达出来，内容的感染力差别会很大，前者官方，后者亲和，因为后者使用了拟人的手法，所以更有感染力。

再看看这个故事：

在繁华的巴黎大街上，有一个衣衫褴褛、头发斑白、双目失明的老人站在路旁。他没有像其他乞丐那样向过路的行人乞讨，而是在自己的身边立上一块木牌，上面写着："我什么也看不见！"街上过往的行人很多，看了木牌上的字都没有任何表示。

这天中午，法国著名诗人让·彼浩勒来到这条街上。他看着木牌上的字，问老人："老人家，今天上午有人给你钱吗?"

老人叹息着回答:"我,我什么也没有得到。"说着,他脸上露出了悲伤的神情。

让·彼浩勒听了,拿起笔悄悄地在那行字的前面添上了"春天到了,可是"几个字,然后就匆匆地离开了。

晚上,让·彼浩勒又经过这里,问老人下午的情况。老人笑着回答说:"先生,不知为什么,下午给我钱的人多极了!"让·彼浩勒听了,摸着胡子满意地笑了。

为什么诗人只是简简单单地添上几个字,效果就大相径庭呢?因为"春天到了,可是我什么也看不见!"这句话激发了人的情绪,让人忍不住对盲人产生同情之心。所以,语言是有魅力的,人们会被动情的语言所感染,从而做出相应的行为。那么在演讲中,如何让演讲更有感染力,进而打动听众呢?这一章将从内容角度进行分享。

好故事让影响力倍增

听故事是人的天性，我们的祖先在远古时期就开始围着篝火讲故事了。故事更容易进入我们的大脑、更容易引发共鸣，因为当中饱含了丰富的情感。当你试图说服听众改变某个观点和看法，从而改变他们的行为时，你可以尝试运用故事这种柔性的力量。

有家企业要把一位工程师提升为总工程师，领导之间意见不统一。持反对意见的领导考虑到这个工程师在大学读书的时候，违反了纪律，还受过处分，因此不适合晋升。

面对这种争论不休的情况，人事处长在发言中穿插了一个故事：

"从前，有一个叫艾子的人，有一回他坐船外出，船停泊在江边。突然，艾子听到江底传来一阵哭声。

"他很好奇是谁在哭，艾子细问，原来是一群水族在哭。艾子问：'你们哭什么？'水族们纷纷说：'龙王有令，水族中凡有尾巴的都要杀掉。我们都是有尾巴的，所以都急哭了。'艾子听了，深表同情。可一看，他发现有只青蛙也在哭。他很纳闷，于是

> 问：'你哭什么？你又没尾巴。'青蛙很委屈地说：'我怕龙王追查我当年还是蝌蚪的事！'"
>
> 就这样，众人在笑声中统一了看法。

通过这个例子大家发现了吗？如果人事处长也和其他人一样试图用大道理来表明自己的态度和立场，结果可能也是陷入两派的口舌之争，没有一个最终的定论。所以要改变他人的看法，讲故事是一种有效且高明的方法。

如今这个时代，我们要学会用讲故事来塑造个人品牌，打造影响力。我们会记住马云、柳传志、李彦宏，不是因为了解阿里巴巴、联想、百度的经营状况，而是因为他们的故事。他们既是很会做事的人，又是很会讲故事的人。我曾经在一个活动现场听过董明珠的演讲，在分享中她讲述了许多发生在格力的故事，让我们看到了一个坚韧不拔的女性形象，同时也对格力集团有了更深入的认识。

除了人需要讲故事，我们会发现很多产品比如 LV、香奈儿等，也都拥有属于自己的品牌故事，通过故事，能够让产品更有温度、更有情怀、更有附加值，赢得更多消费者的认可和选择。

我们可以讲哪些故事呢？第一，讲自己的故事；第二，讲别人的故事，包括身边人的故事、案例故事、名人故事、寓言哲理故事、童话神话故事和历史故事。

我们说演讲就是既要知道说什么，也要知道怎么说。讲故事同样如此，要讲好一个故事，内容和演绎都很重要。以下我节选一位演讲者的演讲《父亲》来进行分析。

1981 年元月 2 日，湖北省铁山区一座军火库失窃了，被偷盗的军火，手枪、冲锋枪、半自动步枪一共 16 支，子弹 5800 多发，手榴弹 60 多枚，这是新中国成立以来在被偷盗军火数量上难以企及的一次军火失窃案，震惊全国。我父亲当时在外地办案被迅速地召回，他当时已经有两个多月没有回过家了，而这一次他连家门都没有进一步，直接到了一线进行拉网式的搜索，他先是在一个水库边找到了有手榴弹试爆的痕迹，然后在水库边的一张大便纸的背面找到了残存的指纹和笔记，一步一步地压缩着搜索的区间，铁山区都是崇山峻岭，搜索难度非常大。

那一天他和两名干警开着一辆吉普车一户一户地排查摸底，山中有一座老房子，平时并没有人住，但那一天我父亲在外面一看窗户里人影幢幢，他觉得有点奇怪，他跟另外两个同事说："你们在门口稍微帮我把一下，我进去探探什么情况。"我父亲推门进去，一推门，屋中间一张大圆桌，七个壮汉"唰"地一下全部都站了起来，所有人都看着他。我父亲进门第一件事情是看地上的鞋印，地上的鞋印跟当时失窃的军火库的鞋印高度吻合，他就大大咧咧地笑，一边笑一边往里走："大家聊什么呢？"所有的人都看向这七个人当中的一个，是这个团伙的头目，这位头目也没有停，慢慢地向桌子的左后方挪动，后面有一张床，他慢慢地把手伸向枕头的方向。我的父亲一秒钟都没有停顿，一个箭步钻到他的身后，右手先一步把手枪从枕头下面抽出来，左手手臂锁喉，右手手枪抵头，然后对着所有人说："不要动，全部都不要动，把枪放下。"剩下的六个人掏枪的掏枪，解衣服的解衣服，一圈一圈的手榴弹，情况万分危急，怎么办？

　　出乎所有人的意料，我父亲把左手松了下来，他不仅把左手松了下来，他还把右手那一柄手枪递到了老大的手上，他不仅把那把手枪递给了老大，他还掏出了自己枪套里的那一把64式手枪放到了桌上，跟着自己的警官证一起推了过去。我父亲从我小的时候就跟我说战士的生命就是枪，任何时候枪不离手，但是在那一个瞬间，他把他的生命推了过去。其他人的枪都放了下来，团伙头目也回头看他，问你什么意思，我父亲还是笑："你知道就这个屋子我们已经盯了多久了，就现在外边里三层外三层，军方、警方已经全部围死了，里面只要枪一响，外面立马开火，一个人都活不下来，肯定的。我今天敢进来，就根本没想出去，我来是跟你聊聊天的，你是老大吧，你知道你今天偷的枪支弹药的数量被法院抓了怎么判都是死刑，我来是因为我这里有条活路。如果今天你放下枪跟我走，我今天敢进来，就敢用我的命保你这条命不判死刑，你信我，把枪放下跟我出去，活路；你不信我，开枪，一起死，你选。"我父亲后来说这是他人生中最漫长的两分钟，两分钟之后，老大放下了手中的枪，伸出了双手，让我父亲铐上。出门上吉普车的后座把老大铐在吉普车后座的栏杆上，我父亲才扭过头小声跟随行的两名警员说："赶紧通知军方过来。"十多分钟之后，大批的作战部队赶到，真真正正地把这座房子里三层外三层围了起来，所有嫌疑犯一一被铐了出来，三名警员一枪未开，滴血未流，所有嫌疑人抓捕归案，所有军火完璧归赵，震惊全国的铁山 1·2 特大枪支弹药失窃案至此彻底告破。

　　在法庭判决的时候，我的父亲出庭作证，据理力争，认为主犯有重大立功情节，最后法庭判决主犯死刑缓期二年执行，因为主犯在监狱中表现良好，减刑至二十年。庭审结束后，这位老大的老父亲，八十多岁，头发花白，涕泪横流地登门致谢，感激我父亲帮了他儿子。

　　父母是孩子永恒的生命范本，到底该怎么做一个合格的父亲，也许我已经找到了答案。你想让孩子成为一个什么样的人，你就先做一个那样的人给他看。我的女儿，虽然你现在还听不明白你父亲的这篇演讲，但我希望等你到了我这个年纪，提到你的父亲时，你也可以有好故事可以说，你也可以自豪地微笑，你也可以由衷地骄傲，献给天下所有的父亲。

　　这篇演讲，可以说符合了讲故事需要具备的很多亮点，我们从内容和演绎两个维度来进行分析。

故事的内容设计

　　故事内容如何设计呢？根据这篇演讲（网上搜索观看完整版），我们从故事逻辑、细节描述、选材方向、总结升华这四个方面来分析。

1. 故事逻辑线清晰

背景交代

大的故事背景是这位演讲者的女儿出生后，他通过反问自己如何做一个好父亲，然后从父亲身上寻找答案，引出自己父亲的故事。小的故事背景是"湖北省铁山区一座军火库失窃了，被偷盗的军火，手枪、冲锋枪、半自动步枪一共 16 支，子弹 5800 多发，手榴弹 60 多枚，这是新中国成立以来在被偷盗军火数量上难以企及的一起军火失窃案，震惊全国"，通过具体的失窃数量，让听众意识到这起失窃案件的严重性。

冲突强烈

清代诗人袁枚《随园诗话》中曾写道"文似看山不喜平"，意思是写文章好比观赏山峰那样，喜欢奇势迭出，最忌平坦。演讲也是如此，许多人演讲失败的原因之一在于内容平淡无奇，无论是故事情节还是情感，都无法引起听众任何的兴趣，所以精彩故事需要具有强烈的冲突感，冲突感是讲故事的核心。

试想下，如果《西游记》中师徒四人很轻松取得真经，白素贞和许仙顺利结婚生子，过上幸福日子，这种剧情还会吸引人吗？显然不会，因为没有冲突。

冲突 = 渴望 + 障碍，师徒四人的目标是渴望取得真经，障碍是这一路的九九八十一难。白素贞和许仙渴望成为神仙眷侣，但是遇到了法海的百般阻挠。所以若只有障碍而没有渴望、只有渴望没有障碍，都不能构成真正的冲突。

在这篇演讲中，父亲进到老房子与歹徒斗智斗勇博弈的过程，堪称"警匪片"的冲突片段。其实很多人都拥有好故事的素材，但是不知道怎样讲述故事，有的人把故事讲得像流水账，把故事讲成了事情。

意外转折

父亲在和歹徒的博弈中，成功说服了歹徒投降。

故事结果

父亲将歹徒抓获后，在法庭判决时，又为他据理力争，最终获得减刑。

启发升华

对父亲勇敢、智慧的品格进行赞扬，并且找到了如何成为一个好父亲的答案：要做孩子的榜样。

这篇演讲整体故事逻辑很清晰，相当于呈现了一条演讲的黄金抛物线：设定情节，进入话题，引发冲突，推向高潮，解决问题，给出结论。

此外，这个故事也具备了 5W1H 故事元素。

时间（When）："1981 年元月 2 日"，时间一定要准确，不能模棱两可，用"好像、应该"等不确定的词语，会降低故事的真实性。

地点（Where）：湖北省铁山区。

人物（Who）：父亲、父亲的同事、歹徒、歹徒的父亲等。

事件起因（Why）：故事的背景。

经过（What）：故事的冲突和意外。

结果（How）：故事的结果。

2. 细节具体，身临其境

这篇演讲中最精彩的就是父亲进到老房子里和歹徒博弈的过程，扣人心弦。这段过程能形成这样的效果在于有大量生动的细节描写，让听众仿佛身临其境。

曾经有位学员在演讲中分享了和妈妈之间发生的一个故事，有一段是这样描写的：

> 就在我话音刚刚落下的时候，我仿佛看见她的背影晃了一晃。那几秒钟，空气好像都凝滞了，时间好像停止了流逝。然后她抬起手背，抹了抹脸，我看见她微微弓着的腰背轻轻颤抖着。

这些细节非常具有画面感，将年迈的妈妈哭泣的场景描写得令人动容。

3. 精心选材，符合主题

演讲者从知晓父亲为数不多的故事中，选择这个抓捕偷盗军火的故事来分享，一方面这起事件影响大，另一方面本身这个故事情节非常经典和精彩，所以，看得出来他做了精心的选材。

素材的选择要符合所反映的主题观点，而且要注重选材的质量。其实这就和选食材一样，我们若要做一道西红柿炒鸡蛋，就不能选择排骨和黄瓜，这是针对性问题。而且食材要健康有营养，相当于要选择价值观正确的素材。

4. 总结升华，巧设金句

故事的结尾要有总结、有升华、有启发、有感悟、有号召。故事讲述完之后，演讲者在演讲中做了议论抒情和总结升华。升华时可以设计点题的金句，结尾的那句"父母是孩子永恒的生命范本"，就是一句能让听众产生共鸣的金句。

故事的呈现演绎

故事如何呈现演绎呢？根据这篇演讲的呈现技巧，从声音模仿、态势语模仿、真情实感、道具运用这四个方面来分析。

1. 生动的声音模仿

讲故事时，声音要进入情境，掌握好语气语调、处理好语速和节奏，比如根据情节要模仿不同年龄、不同性别、不同性格和不同身份的人的声音，甚至要演绎出拟声词，比如关门声"砰"、猫叫声"喵"等。在父亲与歹徒的博弈中，演讲者模仿了人物对话的口吻，并且根据情感内容的不同，语速有快有慢，声音的节奏感也把握得很好。

2. 生动态势语

讲故事时要恰当运用表情、眼神和模仿性手势。演讲者在演讲中，当分享到"右手先一步把手枪从枕头下面抽出来，左手手臂锁喉，右手手枪抵头，然后对着所有人说'不要动，全部都不要动，把枪放下'"这段话时，演讲者做了生动的动作模仿。

3. 真情实感演绎

讲故事要用真情实感去演绎，感情和故事要匹配，把握好情感的变化。整个故事演讲者都是带着真情进行演绎，情感的变化也演绎得很细腻，所以才能达到共情的效果。

4. 巧妙借助道具

讲故事时，演讲者可以巧妙使用实物道具、图片、背景音乐、视频等元素。在演讲中，演讲者用了军功章、登记照，不同情感下还用了不同的背景音乐，使用不同的音乐，能够渲染气氛，增强演讲的感染力。

通过这篇演讲，我们从内容和演绎两个维度了解了讲故事的技巧。

希望大家平时注意积累故事素材库，拆解好故事的套路，反复进行故事训练，努力成为一个会讲故事的人，同时，更要努力把自己的人生活成一个故事，这样等年老的时候，才能和自己的孙子或孙女骄傲地分享：想当年，爷爷 / 奶奶我……

✍ 讲故事小练习

运用以上讲故事的方法尝试分享一个自己或者身边人的故事吧！

🎤 金句让演讲更有传播力

"愿十年后我还给你倒酒,愿十年后我们还是老友""最怕不甘平庸,却又不愿行动"这是来自江小白瓶身上的金句;"种一棵树最好的时间是十年前,其次是现在""万物皆有裂痕,那是光照进来的地方",从 2015 年开始,在罗振宇跨年演讲《时间的朋友》中,每一次的分享都有很多闪烁着智慧光芒的金句出现。

2021 年 11 月 13 日,我和团队组织的"勇敢 Talk"分享盛会上,13 位分享者在演讲中也是金句频出,这些金句或启发人心、或引人深思、或令人振奋。"因为不了解,所以有误解;因为有偏见,所以看不见""真正的衰老,是从停止学习开始""这个世界根本不存在不会做、不能做,只有不想做和不敢做"……

再比如,马云说过"文凭只是学费的收据,真正的文凭是从生活中奋斗来的";俞敏洪说过"在绝望中寻找希望";雷军说过"站在风口上,猪都能飞起来",这些都是富有力量的金句。

什么叫金句呢? 金句指的是像金子一样有价值、宝贵的话。恩格斯曾经说过,"言简意赅的句子,一经了解,就能常常记住,变成口语。这是冗长的论述绝对做不到的"。简练干净的语言使人神清气爽,听得明白;冗长啰唆的语言,让人糊里糊涂,不明所以，金句的魅力在于：一语胜千言。

金句有四个特点：

- 简短精练，一般都是一两句话。
- 朗朗上口，读起来有节奏感。
- 易产生共鸣，易调动情绪，易引发思考，冲击力强。
- 升华主题，容易传播，影响力大。

金句一般多为观点型句子，启发感强，与演讲的中心思想相关。放在演讲的开头，产生共鸣，吸引读者；放在演讲的结尾，总结全文，发人深省。

金句的设计技巧

金句的作用这么大，在演讲中，除了可以引用别人的金句外，我们自己有能力设计金句吗？答案是能！因为金句的设计是有迹可循的，下面我给大家分享 12 种金句的设计技巧。

1. AB、BA 型
比如：

- 不要问国家为你做了什么，而要问你为国家做了什么。
- 人类必须终结战争，否则战争就会终结人类。

你也试着创造一个 AB、BA 型的金句吧！

---

2. 选择关系

与其……不如……

腾讯微博的金句：与其坐在别处观望，不如在这里并肩。

为了鼓励学员上台，我写了一条金句：与其坐在角落仰望别人的光芒，不如登上舞台绽放自己的精彩！

要么……要么……

要么出众，要么出局！

可以……不能……

你可以一天整成一个大明星，但是你不能一天读成林徽因。

不在乎……在乎……

不在乎天长地久，只在乎曾经拥有。

可以……不可以……

你可以嘲笑我，但是不可以嘲笑我的梦想。

你也试着创造一个选择关系句式的金句吧！

---

3. 词语有共性

比如：

● 你只看到了他的本事，却忽略了他的本质。

● 做事不能光看效率，还要看效果。

● 年轻时不要太在乎成败，更重要的是成长。

● 在方向上不能有"偏差"，在行动上不能有"温差"，在成效上不能有"落差"。

你也试着创造一个词语有共性的金句吧！

_____

4. 韵母押韵、字数相同

比如：

今天这个奖杯到了我手里，它并不是代表了我到了多高的高度（dù），而是代表了我刚刚上路（lù）。

再比如：

人生中的每一个正确的方向（xiàng），都在为你积攒无穷的力量（liàng）。

这两句话是不是都有一种朗朗上口的感觉？原因就在于：不仅字数相同，而且每句话的最后一个字，韵母和声调都是相同的。

你也试着创造一个韵母押韵、字数相同的金句吧!

_____

5. 颠倒词组

比如:

- 善于计算是一种能力，喜欢算计则是一种心机。
- 美好的回忆叫作故事，糟糕的经历叫作事故。

你也试着创造一个颠倒词组的金句吧!

_____

6. 同音不同字

比如:

- 不要让那些信心满满的计划，到头来沦为纸上谈兵的笑话。
- 总有些人自己缺乏毅力，却抱怨平日里没人鼓励。
- 如果你的行为始终高尚，自然有人把你放在心上。
- 长得漂亮是优势，活得漂亮才是本事。

你也试着创造一个同音不同字的金句吧!

_____

7. 对比

比如:

- 人生近看是悲剧,远看是喜剧。

- 这是一个最好的时代,也是一个最坏的时代。

- 穷则独善其身,达则兼济天下。

- 经历过雪上加霜,才能有资格锦上添花。

- 物质上越是耀武扬威,精神上就越可能山穷水尽。

- 既要有低头做事的踏实,也要有抬头看天的智慧。

你也试着创造一个对比的金句吧!

_____

8. 时间句式

比如:

十年前,你说生如夏花般绚烂,十年后,你说平凡才是唯一的答案。

你也试着创造一个时间句式的金句吧!

_____

9. 转折关系

······但是······

它很丑，但是它能带你去想去的地方。——甲壳虫文案

······可是······

条条道路通罗马，可是我不想到罗马。

不是······而是······

不是实体经济不行了，而是你的实体经济不行了。

有位学员曾分享自己的演讲成长历程，结尾的金句鼓舞人心："沉默并不可怕，可怕的是你连沉默的机会都不给自己。"这也是一种转折关系的金句。

你也试着创造一个转折关系的金句吧！

_____

10. 因果关系

比如：

因为信任，所以简单。

你也试着创造一个因果关系的金句吧！

_____

11. 并列关系

比如：

一面是科技，一面是艺术。

你也试着创造一个并列关系的金句吧！

---

12. 递进关系

不止……还有……

生活不止眼前的苟且，还有诗和远方。

越……越……

越自律，越美丽。

没有……只有……

人生没有如果，只有后果和结果。

你也试着创造一个递进关系的金句吧！

如何培养设计金句的习惯

分享了金句的设计技巧后，我们如何培养自己设计金句的意识和习惯呢？

1. 搜集金句

平时要善于观察和积累，比如可以从书籍、公众号、朋友圈、地铁、公交广告、影视剧、短视频、交谈甚至思考过程中积累素材。

2. 分析金句

对于你平时搜集来的金句，需要进行整理归类，要思考这个金句可以用在哪里，用在什么场合，起到什么作用，最后通过分析找到其中的规律与方法。

3. 模仿金句

看到好的金句有意识地积累下来之后，可以拆解它其中的套路，在原有的基础上借鉴、修改、模仿，最后形成自己的金句。

4. 创作金句

在经历前三个阶段后，我们可以尝试自己原创设计金句，通过熟能生巧不断精进。

多使用意义凝练、力量非凡的金句，越凝练，越有意义的句子，越具有传播性。从现在开始，给自己的演讲设计一些格调高的金句吧！

高度概括让语言更精准

想必很多人都听过出门的四字口诀——"伸手要钱"，指的是外出不要忘记带上身份证、手机、钥匙和钱包，虽然现在钱包已经基本不需要了。大家会发现通过口诀记忆，能把内容记得更牢，这当中运用了一个重要的方法——高度概括。

为什么要对演讲中的内容进行高度概括提炼呢？原因很简单，方便听众记忆，如果是即兴演讲，自己也不容易忘记，可以快速构思，并能有所亮点。

如何做到高度概括？接下来我给大家分享九种实用、易学的方法。要注意的是运用每个技巧提炼出来的关键词都可以进行具体的阐述。

同字压缩法

指的是字数相同有共性。比如创业需要"许三多"精神，分别是多想、多闯、多做；我的演讲之痛是开头难、结尾难、幽默难；想成为一名优秀的演讲者，要有知识的广度积累，要有温度的情感表达，要有思想的深度剖析。

同音不同字法

比如，一位人力资源经理是如何对待人才的呢？她归纳为要做到甄、珍、争：第一个甄，是要甄选人才；第二个珍，是要珍惜人才；第三个争，是要给人才创造一个公平竞争的环境。

在某档节目中，一位创始人分享了一篇演讲——《我是一个"酱"人》。他运用三"jiang"——倔强的"强"、酱汁的"酱"、工匠的"匠"进行分享，根据这三个"jiang"讲述自己的创业故事，让现场听众，包括投资人了解了他的创业初心和创业情怀。

成语、典故法

曾经有位从事护士工作的学员，用成语"三心二意"来分享作为一名护士应该如何对待患者，乍一看这个成语是贬义词，但是她把"三心"和"二意"进行拆解，三心指：爱心、耐心、细心。二意指：对待患者要有诚意；要让患者满意。采用贬义词褒用的方式进行高度概括，不仅好记，而且非常有新意。

有位企业家在谈到创业者必备的基本素质中，用了一个成语概括——"信口开河"，同样也是采用了成语贬义词褒用的方法：

"信"——诚信经营。

"口"——口才能力。

"开"——开拓进取的精神。

"河"——通"合"，指的是合作共赢的理念。

除了使用成语，也可以用典故来进行高度概括。我曾看过一篇文章巧妙使用了中医当中的一个典故——"望闻问切"。文章标题是《"望闻问切"用中医思维做好群众工作》。

以"望"为立足点，走村串户察民情，切实做到用心关注；以"闻"为突破点，深入群众听民意，切实做到耐心倾听；以"问"为切入点，田间地头学民计，切实做到问计于民；以"切"为落脚点，想方设法解民忧，切实做到精准施策。

打比方法

优秀的演讲者都善于使用打比方。在高度概括中，如果使用打比方，演讲形式会令人耳目一新。现在大家对比以下两篇演讲稿，你认为哪一篇更生动呢？

第一篇

亲爱的同人：

大家好！长江后浪推前浪。恭喜你们成为新一代领导人，担任此重担。此岗位非同小可，是我们政府的窗口行业，所以我临别之前，给大家提三点建议：

第一，希望你们要时刻保持一个清醒的头脑。头脑清晰，思路明确，统筹安排，我们就能做出科学的决策。决策科学，我们才能少走弯路，才能长远合理规划。兼听则明，偏听则暗，希望你们能够多多搜集信息，整体规划，时刻保持清醒的头脑。

第二，希望你们能够廉洁奉公，以身作则。面对种种诱惑莫伸手，努力打造风清气正的干部队伍。把党风廉政建设作为重点工作来考核，增强每个同仁的责任感和危机感，不为名利失心，不为权欲熏心，不拿群众一针一线，时刻保持公正廉明，真正为人民服务！

第三，希望你们勤下基层与群众打成一片，走群众路线，多倾听群众的心声，解决群众的切实困难，不要总是高高在上，脱离群众。一定要心为民所系，权为民所用，利为民所谋，一切以人为本，真正做人民的公仆。以上三点建议，希望同志们切记在心。

谢谢大家！

第二篇

亲爱的同人：

大家好！长江后浪推前浪。恭喜你们有为的一代领导人能够担任此重担。此岗位非同小可，是我们政府的窗口行业，所以，我临别之前，没有什么东西送给大家，就送大家"三盆水"吧。

第一盆水，希望你们经常"洗洗头"。希望你们时刻保持一个清醒的头脑。头脑清晰，思路明确，统筹安排，我们就能做出科学的决策。决策科学，我们才能少走弯路，才能长远合理规划。兼听则明，偏听则暗，希望你们能够多多搜集信息，整体规划，时刻保持清醒的头脑。所以，第一盆水，希望大家一定要"勤洗头"，洗掉旧框框，洗掉旧思维，洗掉短期行为，永远不要让大脑松懈！

第二盆水，希望你们经常"洗洗手"。希望你们能够廉洁奉公，以身作则，一身正气，两袖清风。面对种种诱惑莫伸手，努力打造风清气正的干部队伍。所以，第二盆水，希望大家要"勤洗手"，把党风廉政建设作为重点工作来考核，增强每个同人的责任感和危机感，不为名利失心，不为权欲熏心，不拿群众一针一线，时刻保持公正廉明，真正为人民服务！

第三盆水，希望你们经常"洗洗脚"。希望你们勤下基层与群众打成一片，走群众路线，多倾听群众的心声，解决群众的切实困难，不要总是高高在上，脱离群众。一定要心为民所系，权为民所用，利为民所谋，一切以人为本，真正做人民的公仆。所以，第三盆水，希望大家要"勤洗脚"，洗掉疲劳，洗掉惰性，洗出脚踏实地勤政为民的作风。

以上三盆水送给大家，希望同志们切记在心，经常"洗洗头"，经常"洗洗手"，经常"洗洗脚"，用好这三盆水。

谢谢大家！

很明显，表达同样一个内容，经过设计，第二篇用"三盆水"来表达会更吸引听众，也会给听众留下深刻的印象。同理，类似的"三把火""三板斧"等高度概括运用在演讲中，都会提高演讲的效果。

再比如，用"望远镜""显微镜"作比方，善于用好"望远镜"，解决调研视察前瞻性不足的问题；善于用好"显微镜"，解决调研视察针对性不足的问题。运用打比方做高度概括，语言形象生动。

　　曾经有位学员在分享主题"人生处处是考场"时，用人生会遇到的三道考题打比方：选择题、填空题、问答题，再分别举例说明应该如何应对。

　　还有位学员在分享"细节"这个主题时，用"细节之花"来高度概括入住北京一家五星级酒店全程的感受，其中，用花蕊代表她和奶奶，用五片花瓣代表酒店的细节服务优势，分别从预订服务、入住服务、客房体验、应急服务、退房服务这五个部分展开，采用了时间逻辑，这样听起来不仅逻辑清晰，而且形式新颖，令人印象深刻。

一句话概括法

　　一句话概括法就是用一句话作为提炼的方式，方便记忆。

　　有一位在三甲医院工作的学员，有一次她要参加健康宣讲大赛，主要分享的是幽门螺杆菌的危害和预防，当时我们设计了一个标题是"小'幽'患大胃病"，在预防这个重要的内容部分，我们高度概括为"保食洁"，读音上通"保时捷"，分别指的是"保胃、分食、清洁"。最后说到，如果做到以上这些要求，就像坐上保时捷跑车，能远远地把幽门螺杆菌甩在身后。这样一说，让听众好记又耳目一新。

再比如，用"高富帅"来分享当今讲师的标准要求。

当代社会，衡量一个讲师或培训师是否合格的标准就是："高""富""帅"。

"高"，不是讲师身高要高，而是对自己的要求要高。现代社会发展迅速、知识技能更新换代极快。一个讲师要时刻保持危机感，把握时代脉搏，及时提升自己，及时迭代自己的授课内容和方法。

"富"，不是指讲师得多有钱，而是他的学识要丰富，特别是他所讲的课程领域，一定要足够深、足够广。在此基础上再不断涉猎其他领域的知识。有真才实学才能在授课中做到游刃有余，才能让学员有真正的收获。

"帅"，不是指讲师要长得好，而是指讲师要懂得管理形象，"人靠衣装马靠鞍"。管理好自己的形象既是对自己的尊重，也是对别人的尊重，更是职业形象的体现。

借用数字法

比如，魅力口才的"五个一工程"，指的是"一首歌、一首诗、一个故事、一个笑话、一副对联"。比如，干粉灭火器使用口诀：

一摇、二对、三拔、四压。

我曾经给一位学员辅导岗位竞聘时，使用"四有青年"高度概括他的优势，分别指的是有专业、有业绩、有拼劲、有温度。

单字提炼法

这个方法是把每个部分的重点提炼成一个字。比如，某个线上超市，在归纳自己的优势时就使用了单字提炼法。

> 总共五个字：鲜、安、正、快、省。鲜，指的是冷藏保鲜；安，指的是安全检测；正，指的是正品保障；快，指的是 30 分钟到达；省，指的是品牌折扣。

语言凝练，让用户对这个线上超市的优势记忆更深。

词性对仗法

比如，柳传志的九字管理方针"定战略，搭班子，带队伍"，都是动词加名词，字数又相同，非常对仗。

英文压缩法

对于英文不错的人来说，适当地运用英文缩写来进行高度概括也能起到独特的效果。英文压缩法就是提炼出每个字母的首字母再组合成一个英文，比如"BAT"，分别是指百度、阿里巴巴、腾讯；"SWOT 原则"，指的是 Strengths(优势)、Weaknesses（劣势）、Opportunities(机遇)、Threats（威胁）的首字母缩写。

以最少的语言表达出最多的内容，要做到语言的简洁，必须对自己要讲的思想内容经过认真的思考，并抓住要点，明确中心。如果事前把这些梳理清楚了，在演讲时就不至于拖泥带水。同时，要注意文字的锤炼和推敲，做到精益求精，语言的高度概括会使你的演讲内容更容易让人记住，语言层次也能上一个新的高度。

有一句话是这样说的："能把一句话说成十句话的人是语言的庸才，能把十句话说成一句话的人是语言的天才。"学会高度提炼，精准又精炼地表达观点，但同时要注意，高度概括的语言要让听众明白，而不是制造一些词让听众费解。

修辞手法让演讲更生动

演讲内容中，如果说严谨的逻辑结构是左脑的理性思维，那么生动的修辞手法就是右脑的感性思维，运用修辞手法，能让语言更加生动，富有感染力。有哪些修辞可以运用在演讲中呢？接下来我给大家分享五种方法，重点分享第一种。

类比让表达更易懂

我曾经参加过一次培训活动，一位心理学专家的分享很精彩，亮点在于他的语言非常生动，比如，谈到家庭中夫妻两个人的关系，他是这样讲的：

> 男人像树，女人像藤，如果树长藤不长，这棵树就有可能被其他藤缠上，反之，如果藤长树不长，这条藤也会有可能绕到其他树上。得出的结论是：夫妻二人在婚姻关系中一定要共同成长。

用"藤"和"树"来说明夫妻关系，这种方法就叫作类比，这样的表达方式令人印象深刻，也能增强说服力。

类比是一种修辞手法，通俗理解就像一座桥，能把你未知的事物连接到已知的事物，帮助你"秒懂"未知事物。

下面是四个类比的用法。

1. 强调重要信息时可以使用类比

马云曾经强调如何组建团队的时候，打过一个比方，他说：“如果雇佣一个非常好但是并不适合的员工，这就像把波音747 的引擎安装在一个破烂的交通工具上，双方都没有发挥应有的作用。”非常生动形象。

2. 解释复杂概念时可以使用类比

在 1954 年的瑞士日内瓦会议中，周恩来总理曾让工作人员给外国记者举行电影招待会，当时工作人员给外国记者介绍《梁山伯与祝英台》时曾写了十几页的说明书，这份说明书却被周总理视为“党八股”。随后，周总理只在请柬上写了这样一句话，“请你欣赏一部彩色歌剧电影——中国的《罗密欧与朱丽叶》”。虽然短短一句，却比冗长的介绍更能让外国记者秒懂。

樊登老师在解读《反脆弱》这本书时，为了说明什么是“反脆弱”，他打了三个比方。

把一个玻璃瓶扔在地上会碎裂，玻璃瓶在面对不确定的事时会受损，这叫脆弱；把一个铁球扔在地上它不会有太大变化，铁球在面对不确定时可以保持不变，很坚固稳定，这叫坚强；把一个乒乓球扔在地上它会弹起来，乒乓球在面对不确定时不仅没有被摧毁或者不变，而是顺势抬高，这个能力就叫反脆弱。做到在不确定环境中受益，这就是反脆弱。这个类比快速让听众理解了什么是"反脆弱"。

在某期节目中，薛兆丰教授在讨论"生二胎必须经过老大同意吗"这一个辩题的时候，提到了 3 个经济学术语——零和游戏、负和游戏以及正和游戏。对于不了解经济学的观众，听到这 3 个概念会一脸蒙。但是他只用了一个简单的类比，就让所有人都听懂了这 3 个专业术语：

一个篮球给了弟弟，哥哥就没得玩了，弟弟的所得恰好等于哥哥的所失，这叫零和游戏；弟弟和哥哥两个人争这个球，打得头破血流，球没有增加还流了血，这叫负和游戏；弟弟和哥哥一起玩球，玩得很开心，他们都觉得比自己一个人玩还开心，这叫正和游戏。

你看，这样解释，再晦涩难懂的经济学概念，外行人也能轻而易举地理解了。所以说大道至简，真正的表达高手往往能把复杂的事情简单化，深入浅出地照顾到更多层级的听众，让别人听懂他讲的话。

从事培训工作这么多年来，我接触了各行各业的学员，发现医疗、金融、IT 等领域的学员做分享时，会习惯性地使用一些专业术语，对于普通听众来说，若内容过于艰涩难懂，会不容易理解，影响信息的接收，也很难有兴趣听下去。所以演讲稿要抛弃这些晦涩深奥的书面语言和专业术语，尽量使用直白的话语，力求简单明了、浅显易懂，此时，类比这个工具就很好地派上用场了。

3. 引发听众思考时可以使用类比

如果有一家银行每天早上都在你的账户里存入 86400 元，你需要把它们都花完，不能留到第二天。如此循环往复，你会如何处理这笔钱？

其实，每个人都有 86400 元钱。因为每天有 24 个小时，每个小时是 60 分钟，每分钟是 60 秒，加在一起就是每天拥有 86400 秒，第二天还会拥有同样的 86400 秒。请问，你会如何花掉这些时间呢？

4. 提高表达的艺术性时可以使用类比

俞敏洪曾经做过《人要像树一样活着》的演讲，非常精彩，运用的也是类比法。

> **人要像树一样活着**
>
> 我们每个人都有两种生活方式，第一种是像草一样活着，你尽管活着，每年还在成长，但是你毕竟还是一棵草，你吸收雨露阳光，但是长不大，人们可以踩过你，但是人们不会因为你的痛苦，而产生痛苦，人们不会因为你被踩而来怜悯你，因为人们本身就没有看到你。所以我们每个人都应该像树一样成长，即使我们现在什么都不是，但只要你有树的种子，即使被踩到泥土中间，你依然能够吸收泥土的养分，自己成长起来。当你成长成参天大树后，遥远的地方，人们就能看到你，走近你，你能给人一片绿色。活着是美丽的风景，死了依然是栋梁之材，活着死了都有用。这就是我们每一个同学做人和成长的标准。

以上介绍了四个类比的用法，如果希望类比冲击力更强，可以使用道具。

　　1938 年秋天，冯玉祥将军到湖南益阳县城，向几万人发表演讲，鼓励他们抗日。冯玉祥将军出场时，只见他左手握着一株小树，将一个草编的鸟窝放在树枝的丫间，鸟窝里有几个鸟蛋。下边的人都愣了，不知他这是要干什么。

　　这时，冯玉祥将军开口说话了，他说："大家知道，先有国家，然后才有小家，才有个人生命的保障。我们的祖国遭到了日本帝国主义的侵略，我们都要用自己的双手保卫她，那就是起来抗日。如果不抗日……"说到这里，他手一松——树倒了、窝摔了、蛋破了。

　　在这里，冯玉祥将军用小树比作国家，用鸟窝比作家庭，用鸟蛋比作个人，用握着小树的那只手比作捍卫国家的人。在这里不言而喻了，如果国家都灭亡了，小家也将不复存在，个人的生命安全也将受到威胁。他通过类比以及实物的展示，让演讲更真实生动，冲击力强，提高了说服力。

　　特别需要注意的是，可视化类比，参照物要形象具体，并为听众所熟悉，参照物本身的冲击力越强，效果越好。

　　其实，类比不仅可以使用在某个片段，整个内容的设计也可以使用类比。

我们机构有一个演讲俱乐部——"爱分享"，是专门给学员提供的一个实战演讲训练平台，每一期活动主持人也是由学员担任，在一期活动上，有位学员的主持非常具有创意。他以模拟"乘坐航班"为主线，在"乘机"音乐的渲染中欢乐"起飞"。"航行"过程中，主持人化身为"机长"，其他伙伴们化身为"机组人员"和"乘客"在空中开了一场演讲 Party，"航班"到站后，熟悉的"下机"音乐响起时，"机长"还贴心地为大家准备了"下机"礼物。

这场精心准备、温情满满的旅行，给我们留下很多欢乐和感悟。这个形式的类比非常有创意，现场沉浸式的氛围也营造得很好。

✍ 类比小练习

用类比的方法，生动地表达一个专业、晦涩难懂的概念，以此达到通俗易懂的目的。

排比让语言更有气势

排比句是把三个或三个以上意义相关或相近、结构相同或相似、语气相同的词组或句子并排在一起组成的句子，能达到一种加强语势的效果，营造出一种气吞山河的气势。比如马丁·路德·金的《我有一个梦想》，全文都在大量使用排比，整个行文显得气势恢宏。

2019 年 6 月 26 日，万达集团董事长、川商总会名誉会长王健林现身 2019 年天府论坛，一天之内接连发表两次演讲，在第二次演讲中，更是以诙谐幽默的方式，用四个排比句阐述了新时代应有的川商精神。

多一点理想，少一点安逸。世界上再牛的企业都是从小企业出来的，没有千年的企业，最多有百年的企业，所以才给后来者提供了机会。新时代的川商应该有自己的理想和追求。

多一点创新，少一点勾兑。新时代的川商应该在创新、在科技、在商业模式或者说自己的产品方面，要么技术别人没有，要么商业模式新，要么产品质量更好，要么价格更便宜。总而言之，靠产品，靠市场说话。

多一点勤奋，少一点麻将。新时代的川商应该多勤奋，这么多的中国企业家，有一个共同的特点，都很勤奋。没有一个成功的企业家是玩耍出来的，都是奋斗出来的，包括我自己。

多一点善事，少一点伪劣。中国现在最缺的就是工匠精神，企业做得最成功的标识就是社会企业，也就是对社会有贡献的企业。企业生产的产品必须对社会有贡献、有价值，而不是给社会增加垃圾、增加负担。

四个"多一点"，四个"少一点"，实际上，这也暗合了近几年万达品牌升级所遵循的原则。

对比让语言更有冲击力

对比就是把两种不同的事物或者同一事物的两个方面放在一起进行比较。这种修辞手法可以让我们看到两种事物的差异，使形象更鲜明，感受更强烈，印象更深刻。比如：

你写 PPT 时，阿拉斯加的鳕鱼正跃出水面；你看报表时，梅里雪山的金丝猴刚好爬上树尖；你挤进地铁时，西藏的山鹰一直盘旋云端；你在会议中吵架时，尼泊尔的背包客正一起端起酒杯坐在火堆旁。

有一些穿高跟鞋走不到的路，有一些喷着香水闻不到的空气，有一些在写字楼里永远遇不见的人。

这是一个场景化的对比。

杏花虽美，可结出的果子极酸，杏仁更是苦涩，若做人做事皆是开头美好，而结局潦倒，又有何意义。倒不如像松柏，终年青翠，无花无果也就罢了。

这是一种人生态度的对比。

在演讲中，对比是一种逻辑，也是语言艺术的一种表现方式。

比拟让语言更添人情味

比拟就是把一个事物当作另外一个事物来描述、说明。比拟包含了拟物和拟人。所谓的拟物就是把人比作物，比如在《甄嬛传》中，皇上把沈眉庄比作菊花，因为在后宫妃子中，沈眉庄是最不喜欢争宠的一个妃子。

> 朕喜欢你读书，读书能知礼。菊花有气节，可是朕更喜欢菊花独立秋风，不与百花争艳，耐得住寂寞，才能享得住长远。

所谓的拟人就是把物比作人，艾伯特·戈尔在 2007 年获得诺贝尔和平奖时，演讲中把地球比作正在发烧的一个人。

> 现在地球正在发烧，发烧的温度还在越来越高。科学家们已经告诉我们这不是一个已经过去的苦难，可以自行痊愈，我们考虑再三，向许多人寻求意见却不做决定。不断重复的结论，给我们不断的警告，一些根本性的东西错了，我们就是这个错误，我们必须自己改正这个错误。

另外，在生活中,拟人的用法无处不在。比如本章开篇说的：亲，别踩我，我会疼哦。再比如，我曾经看到某城市公交站牌下方印着一篇《站台自白书》，通篇都是以站台的口吻来写，告诫人们不要任意破坏站牌。

对偶让语言更有韵律感

对偶是用字数相等、结构相同、意义对称的一对短语或句子来表达两个相对应，或相近，或相同的意思的修辞方式。它的特点就是语言凝练，句式整齐，音韵和谐，富有节奏感，具有独特的艺术效果。比如：

> 墙上芦苇，头重脚轻根底浅；山间竹笋，嘴尖皮厚腹中空。

这句对偶句就用芦苇和竹笋的比喻，讽刺了那些没有真才实学的人。

> 横眉冷对千夫指，俯首甘为孺子牛。

这句话表现了鲁迅对敌人的憎恨和对群众的忠心。

> 有志者，事竟成，破釜沉舟，百二秦关终属楚；
> 苦心人，天不负，卧薪尝胆，三千越甲可吞吴。

这组对仗工整的对联，激励过无数人拼搏奋斗。

五觉让表达更有画面感

所谓"五觉法"，就是我们的五个感官：视觉、听觉、嗅觉、味觉、触觉。这"五觉"对应的就是我们的眼睛、耳朵、鼻子、嘴巴和身体。使用五觉语言，能让表达更有画面感。

视觉

可以从类别、大小、长短、形状、新旧、颜色等方面进行描述，比如"我看见一朵玉兰花，有一只手掌那么大，白色的花瓣、淡黄的花蕊，花瓣很厚实，向外努力张开着，看起来饱满精致"。

听觉

人物的声音：我听见他轻轻地说了一声"我爱你"！

拟声词：我听见"汪汪汪"一阵狗叫、听见雨"哗啦啦"地下。

嗅觉

比如具体的香味，饭菜香、麻油香、花香、香水香等；具体的臭味：臭鸡蛋的味道、饭馊了、饭煳了等。

味觉

常用：酸、甜、苦、辣、咸、鲜、麻、涩等。

触觉

常用：软、硬、冷、热、烫、疼、酸、麻等。比如，日落时分，我的双脚踩在松软的沙滩上，感受到了沙子的余温。

如果完整用五感来描述一个场景和事物可以怎样表达呢？

> 我听到热油泼在鱼肉上，发出"滋"的一声（听觉），水煮鱼的最后一道工序完成了，妈妈端上来一盆水煮鱼，金黄色的油汤，白花花的鱼肉上飘着许多红色的小尖椒和花椒粒（视觉），鼻子闻到一股鲜香的麻辣味（嗅觉），我迫不及待地拿起筷子夹了一块鱼肉，舌头猛地被烫了一下（触觉），但是鱼肉放进嘴里，滑嫩无比、入口即化，伴随着浓烈的麻辣味（味觉）。

如何训练自己的五觉能力呢？这需要随时随地观察、体验、思考、记录、输出，任何能力都要经过有意识的刻意练习。

✍ 五觉小练习

用五觉的方法，描写雨后的公园，或品尝某种美食，或其他某个场景。

幽默让演讲更有趣

生活中幽默能缓解尴尬，拉近人和人的距离，同样，在演讲中，听众都喜欢在一种轻松有趣的氛围里接收信息，所以幽默是我们提高演讲感染力必须掌握的一个能力。有哪些方法可以实现幽默的"笑"果呢？

自嘲

乔布斯在斯坦福大学演讲，开场就来了一个自嘲：

> 我今天很荣幸能和你们一起参加毕业典礼，斯坦福大学是世界上顶尖的大学之一。我从来没有从大学中毕业。说实话，今天也许是我的生命中离大学毕业最近的一天了。

语言的反差意外

这也称为 A + B 法，用 A 铺垫创造预期，用 B 笑点揭示意外。当年微博上热议，"有趣的高晓松和无趣的吴彦祖你选谁"？有网友留言："看人不能看外表，人不可貌相，高氏才华横溢，谈吐幽默，在生活中能平添很多乐趣，这样的人很招人喜欢，所以我选吴彦祖。"

某主持人在某节目里曾经分享过一个主题叫《北上广，爱来不来》，其中有一句是：到了北京之后，你们今天所经历的一切，什么挤公交、挤地铁、住地下室、吃方便面……这所有的一切，我都没经历过。听前半句大家都以为他后半句会说都经历过，没想到来了一个大反转，引得现场一片笑声，这个使用的就是语言的反差意外技巧。

图片的反差意外

图片前后对比，能让人一目了然，形成强烈的反差效果。比如我认识一位曾经从成都徒步到西藏的朋友，后来他在拉萨开了一家民宿，在民宿门口他张贴了一张从阳光帅气小伙变成了邋遢大叔的对比照片，看了让人忍俊不禁。

类比幽默

有人说，中年就是一部《西游记》，悟空的压力，八戒的身材，老沙的发型，唐僧的磨叽，关键是离西天还越来越近。

　　一次，在互联网企业家论坛上，百度创始人李彦宏大讲"人工智能"和"无人车"，在谈及与南方航空达成战略合作时，他抖起了包袱，"更重要的是，我还与南航董事长王昌顺先生互换了礼物，我送给他一辆'无人驾驶汽车'，他送给我一辆'空客380'，所以还是挺赚。不过，按照这个思路，我们以后跟互联网公司合作就要稍微小心一点了，我们如果和摩拜单车或OFO单车合作，我送他一辆车，他们送我一辆自行车。如果和腾讯合作的话，我们送他们一辆车，他们只能送我一个微信号……"，此言一出，现场立即响起笑声。

　　李彦宏以"互换礼物"作为铺垫，运用类比手法展现不同公司的人会送不同的礼物，从"挺赚"一下子跌到"挺亏"，情节陡转，包袱瞬间抖响，惹人捧腹，极好地愉悦了大家，活跃了演讲气氛。

一语双关

　　一语双关是指一个词或一句话涉及两个意思，表面上是一个意思，暗中又含另一个意思。

纪晓岚与和珅同朝，纪晓岚为侍郎，和珅是尚书。一次，二人同饮，和珅指着一条狗问："是狼（侍郎）是狗？"纪晓岚还击："垂尾是狼，上竖（尚书）是狗！"本来想奚落纪晓岚的和珅，没想到被反击回去，尴尬不已。

逼真的模仿

要形成幽默的"笑"果，还有一个有力的方法就是逼真的模仿，一方面可以模仿人物的语言，如方言，这和普通话形成强烈反差，容易引现场听众发笑。

另一方面是肢体动作和表情的模仿，生动的演绎会把听众带入当下的演讲场景中。

曲解

是指说话人故意歪曲他人话语的真正意图，继而出其不意给出新的解释，让语言产生幽默的效果。

比如，在某小品节目中，主持人让几个演员聊聊他们的昨天、今天、明天，其中一位演员回答：

昨天，在家住了一宿。今天，上这儿来了。明天，回去。谢谢。

逗得现场的观众捧腹大笑，其实主持人想问的是他们的过去、现在和未来，这个曲解也符合了所扮演角色的朴实憨厚、文化程度不高的形象。

有个父亲见儿子从学校拿回成绩单，关心地问："考得怎么样，快念给我听听。"儿子看了父亲一眼，胆怯地打开成绩单念道："语文 52，数学 48，共计 100 分。""嗯，你'共计'这门考得不错。"儿子听了，忍不住笑了。"看，一表扬你就骄傲了，"父亲板起脸来说："要继续努力。"

这是一则题为《共计》的小幽默。儿子稍微耍了点手段，父亲就一本正经地又是批评又是鼓励，令人啼笑皆非。

改编

这个方法指的是通过改编大家熟悉的经典，比如经典古诗词、经典广告语、经典歌词等方式达到幽默的效果。

被称为"段子手"的某主持人，他的播音方式，一改新闻主播端庄严肃的风格，段子一个接着一个，幽默气息挡也挡不住，其中他就使用了大量幽默改编的方法。

比如天热时，他会说："热得你走出半生，归来全熟，身上还挂着椒盐；晒得你走出半生，归来仍是少年包青天。"这段改编内容的形式出自孙衍的《愿你出走半生，归来仍是少年》。

比如在天气冷时，他会说："长风几万里，吹度玉门关，不把棉袄穿，风往里面钻。"其中"长风几万里，吹度玉门关"引用的是李白的《关山月》。

再比如，在直播间带货介绍产品时，他说："烟笼寒水月笼沙，不止东湖与樱花，门前风景雨来佳，还有莲藕鱼糕玉露茶，凤爪藕带热干面，米酒香菇小龙虾，手中金莲不自夸，赶紧下单买回家，买它买它就买它，热干面和小龙虾。"其中第一句"烟笼寒水月笼沙"引用的是杜牧的《泊秦淮》。

幽默，不是灵机一动的抖机灵，而是饱读诗书的信手拈来，幽默，和"腹有诗书气自华"一样，是一种由内而外散发出来的气质。"深厚的底蕴＋有趣的人格"，才成就了一名有内涵又幽默的主持人，而在演讲中你也可以形成自己智慧幽默的风格。

夸张

夸张也是一种制造幽默的技巧。卓别林的夸张形象：头戴一顶大礼帽，脚蹬大皮鞋，鼻子下留着一撮乌黑的小胡子，紧绷的上衣与肥大的裤子别扭地穿在身上，手拿细手杖，迈着企鹅步的流浪汉形象，再配上他夸张、精湛的艺术表演，带给了很多观众无尽的欢笑。

某演员曾经在一档综艺节目中，分享自己读书时的事情，是关于班上一个女生的。

她的课本可以这么形容，比如说一本作业本，正常的课本发下来一斤重，一学期学完以后，她的能到五斤重，有四斤都是她的笔记，哪怕是全班都在认真听讲的时候她还在那记笔记，我也不知道她在记什么，感觉老师说的每一句话她都要记，我就觉得这个女生成绩一定很好，正好她是我那一组的，所以我也和其他同学一样，就是抄她的作业，结果发下来全错！因为她上课明明很认真，后来我给她取了个名字"白学公主"，真的就一个学期白学了。

下面的观众听到这里已经笑成一片，这段话中"正常的课本发下来一斤重，一学期学完以后，她的能到五斤重，有四斤都是她的笔记"，就是夸张的手法。

演讲中运用幽默的注意事项

幽默无论是在演说中还是人际交往中都能起到很好的作用，但是在使用幽默时，有些禁忌需要我们注意。

1. 与主题相关

幽默要和演讲的主题相关，不要穿插和演讲不相关的幽默，要使幽默的内容成为你所要表达信息的一部分。

2. 内容不低俗

避免说一些带有宗教、政治、色情、种族等有可能引起听众反感和不愉快的内容。

3. 场合要分清

幽默有时要分清场合，在一些严肃、庄重的场合，不宜幽默。

一次，美国总统里根在国会开会前，为了试试麦克风是否好用，张口便说："女士们、先生们请注意，五分钟之后，我们将对苏联进行轰炸。"此语一出，众皆哗然。显然，里根在不恰当的场合和时间里，开了一个极为荒唐的玩笑。为此，苏联政府对美国提出了强烈的抗议。可见，在庄重或严肃的场合里说话一定要注意。

4. 不拿别人的短处开玩笑

在幽默中，切勿拿别人的短处或缺陷开玩笑。通过贬低他人获取优越感或制造幽默效果，对他人是一种不尊重的行为，也极易引起他人的不适和愤怒。

5. 幽默要分清对象

我们身边的每个人，因为身份、性格和心情的不同，对幽默的承受能力也有差异。有些幽默和玩笑，并不是所有人都通用的，所以在说话时一定要注意对方的情况，先察言观色再开口说话。

总之，幽默一定要拿捏好分寸，把握好尺度，注意幽默的内容、幽默的场合、幽默的对象等。只有做到这些，幽默才能真正发挥作用，才能真正成为调节演讲氛围、润滑人际关系的"芳香剂"。

小贴士 ▶▶▶

演讲中，语言表达除了需要具备感染力以外，还有三个细节不容忽视。

表达切忌不恰当

下面三句话，哪句话表达最恰当呢？

· 残奥会展示了瘸子能够在体育领域取得怎样的成就。

· 残奥会展示了残疾人能够在体育领域取得怎样的成就。

· 残奥会展示了残障人士能够在体育领域取得怎样的成就。

第一句中的"瘸子"显然是对人不太尊重的称呼，"残疾人"也欠佳，最合适的表达无疑是"残障人士"。所以我们要从群体、场合、听众的角度注意语言的精准度。

表达切忌书面语

书面表达和口语表达有区别，书面表达相对比较正式，而演讲更多会口语化一些，在演讲中，语言要力争做到：说起来"上口"，听起来"顺耳"，记起来"入脑"，想起来"舒心"。演讲的语言要自然、流畅、动听。

这里有两个方法。

1. 把长句改成适合说和听的短句

比如：至今人们还清楚地记得那天凌晨，解放军战士在狂风暴雨横扫山崖、泥石流滚滚而下的危急情况下，及时把崖下村民从险境中抢救出来的那个极为动人的场面。

改成短句：那天凌晨，狂风暴雨横扫山崖、泥石流滚滚而下，解放军战士在危急情况下及时把崖下村民从险境中抢救出来，至今人们还清楚地记得那个极为动人的场面。

2. 把单音词改成双音词

比如我在辅导学员时，"仅"改成"仅仅"，"应"改成"应该"，"时"改成"时间"，"因"改成"因为"，"这时"改成"这时候"，这样听起来更舒服。用大家听得懂的语言，更有亲和力。

表达切忌啰唆

著名作家马克·吐温有一次听牧师演讲时，最初感觉牧师讲得好，打算捐款；10 分钟后，牧师还没讲完，他不耐烦了，决定只捐些零钱；又过了 10 分钟，牧师还没有讲完，他决定不捐了。在牧师终于结束演讲开始募捐时，过于气愤的马克·吐温不仅分文未捐，还痛骂了牧师一顿。而这种由于强调过多、过细、过强和作用时间过久而引起人们逆反心理的现象，就是"超限效应"。

第五章

即兴法则

——处变不惊 即兴演讲有方法

现代社会，人们无论是在工作还是生活中，总会遇到突如其来的即兴演讲场合，这时候，该如何应对，才能做到从容自信，出色完成？在这一章中为你分享众多即兴演讲表达的锦囊妙计。

曹植是曹操的小儿子，从小才华出众，很受父亲的疼爱。曹操死后，他的哥哥曹丕当上了魏国的皇帝。曹丕是一个嫉妒心很强的人，他担心弟弟会威胁自己的皇位，就想谋害他。据南朝刘义庆的《世说新语》记载：有一天，曹丕叫曹植到面前，威胁曹植在七步之内作出一首诗，以证明他写诗的才华，如果他写不出，就等于是在欺骗皇上，要把他处死。曹植知道哥哥存心要害死他，又伤心又愤怒，但强忍着心中的悲痛，在七步之内作出了这首大家耳熟能详的《七步诗》：煮豆燃豆萁，豆在釜中泣。本是同根生，相煎何太急。

用现在的话来说，当时曹植经历的这个挑战就是即兴演讲，而他如果没有做出这场成功的"即兴演讲"，丢的不是脸，不是机会，而是生命。

那么，什么是即兴演讲呢？即兴演讲就是在没有充分准备的情况下做的演讲，对于思维的敏捷性、语言的逻辑性等有很高的要求。

即兴演讲在如今这个时代出现的概率越来越大，大到被临时邀请登上几百、上千人的舞台发言，小到平时的各种面试、临时被领导提问等。

疑问！为什么你做不好即兴演讲

即兴演讲中，经常出现的问题主要有以下四个方面。

不敢讲。很多人遇到即兴场合会选择逃避，担心讲不好，失了面子。久而久之，不敢讲就慢慢不去讲，不去讲就越来越不会讲，形成了一个恶性循环。

没话讲。演讲者的知识积累、兴趣爱好、阅历修养与演讲的成功有着紧密的关系。"巧妇难为无米之炊"，许多演讲者演讲时最大的困难在于肚子里没货，积累太少，没有素材。

头绪乱。即兴演讲没有太多的时间或根本没时间准备，很多演讲者在这种情况下会出现头脑空白、思路混乱，表达出来的内容缺乏条理性。

语言平淡。即兴演讲对临场语言组织能力要求很高，除了需要逻辑清晰，语言还要有表现力和感染力，这样才能打动和影响现场的听众。

🖊 注意！即兴演讲的特点有这些

即兴演讲一般有什么特点？包括以下三点。

临场性。即兴演讲不能像命题演讲那样，可以事先写好讲稿，并进行练习准备，而是必须靠临场发挥。因此，临场性就成了即兴演讲最突出的特征。

短暂性。即兴演讲一般都是篇幅短小、时间短暂的演讲，演讲者需要言简意赅，不宜过于冗长，一般只有两三分钟，长的不过十来分钟，而且，演讲者是临时兴起发表的演讲，事先并无准备，也很难构思出长篇大论的演讲来。所以，即兴演讲者要以高度简练、生动形象的语言去征服听众。

敏捷性。即兴演讲要求演讲者思维敏捷，构思快速。有些即兴演讲给的准备时间非常短暂，演讲者的反应速度甚至堪比"光速"。

🖊 别慌！让你即兴演讲张口就来

那么，应对即兴演讲有什么方法技巧呢？

在我的当众讲话经历中，经常遇到即兴演讲，记得在参加国家二级企业培训师的答辩时，现场抽到了一个比较难的题目，而且给的准备时间非常短，经过几分钟酝酿后，我面对五个评委做了展示，没想到最终的成绩是所报名机构有史以来的最高分。其实当时采用的就是接下来所说的第一个方法：关键词连缀。

关键词连缀

关键词连缀也叫串珍珠法。在多年的一线教学生涯中，我发现很多学员肚里有货，在自身的专业领域里，他们拥有一粒粒"思想的珍珠"，但是欠缺的是串起思想的一根"线"。这时可以通过关键词连缀的方法，快速构思框架、组织语言。

具体操作有四个步骤。

定话题。明确听众想听的，你能讲的，场合需要的话题。

定观点。具体确定观点的方法可以参考第二章的内容。

定框架。具体的逻辑方法可以参考第三章的内容。

定内容。在即兴演讲中，一般不会有时间写稿，这个时候只需在纸上或脑海里确定要说的关键词。因为时间越是紧急，越应该给大脑"减负"，不要让大脑记忆太多信息，所以要把关键点浓缩为词，而不是句子。同时，如果能快速把这些关键词按照第四章所说的进行高度提炼，那就更好了，既方便自己记忆，又让听众印象深刻。

如果在演讲口才培训的课堂上，要做一个即兴分享，大家就可以用上述步骤：第一，定话题。既然是在口才培训班，大家都是希望提升演讲口才能力的，所以话题可以是"如何提升演讲口才水平"。第二，定观点。可以通过高度概括的方法，把学习演讲的方法提炼为多学习、多练习、多坚持。第三，定框架。采用并列逻辑。第四，定内容。

大家好！今天我要和大家分享的主题是"如何提升演讲口才水平"。我认为需要多学习、多练习、多坚持。

第一，我们要多学习。学习是成长之源，技能也好，知识也好，都是通过学习而来，提升演讲口才也一样，第一件要做的事就是学习。大家知道林肯年轻时是如何锻炼口才的吗？他每天徒步 30 英里（约 48 千米），到一个法庭上去听律师的辩论，大家都知道律师的口才都非常好，林肯在法庭上听完辩论后，就在回家的路上把所学到的方法技巧边走边练，碰到一棵大树就对着大树练，看到一片玉米地就对着玉米地练。林肯就是通过这样的学习，提升了自己公众演讲的能力。我们要提升自己的演讲水平，也一定要不断地去学习，只有学习才能成长！

第二，我们要多练习。学习口才就像学习开车和游泳，需要不断地刻意练习。我国早期无产阶级革命家、理论家萧楚女，大家知道他每天如何练习自己的演讲吗？每天一大早，他都会背着一块镜子，然后跑到山顶，把镜子挂在树枝上，然后对着镜子练演讲。其实没有人的演讲水平是天生的，都是通过后天的努力锻炼出来的，只要我们学习后不断地练习，也能拥有出色的演讲口才！

第三，我们要多坚持。做任何事情都会碰到困难和挫折，提升演讲口才也一样，有可能我们讲得不好，被别人嘲笑讽刺，但是我们不能因为这些而放弃锻炼自己，一定要学会坚持。有个人被称为20世纪最伟大的 CEO，在他的领导下，通用电气集团扭转了命运，他就是杰克·韦尔奇。杰克·韦尔奇小时候有很严重的口吃，经常被小伙伴嘲笑，但母亲不断地鼓励他："孩子，那是因为你太聪明，所以你的嘴巴无法跟上你聪明的脑袋。"从此他不再为此感到自卑，并发奋学习。最终他在 45 岁那年，成为美国通用电气公司历史上最年轻的董事长和首席执行官。

所以，有志者，事竟成，贵在坚持；苦心人，天不负，功到自然成！只要我们能坚持地走下去，胜利的曙光总有一天会到来！

最后，我相信，如果大家都能做到多学习、多练习、多坚持，我们的演讲口才水平一定会越来越好！

PREP 结构

PREP 四个英文字母分别代表以下意思。

P：Point——提出观点。

R：Reason——分析原因。

E：Example——列举案例。

P：Point——再次强调观点结论。

用谐音的方式来记忆就是：观音按揭法。

现在我用一个案例来说明怎样使用这个方法，这个主题是：观音姐姐该不该在深圳按揭买房？

我认为观音姐姐应该在深圳按揭买房。（观，提出观点）

观音姐姐如果在深圳买房，她在人间就有了一个落脚点，有一个根据地，方便她随时来人间视察。深圳是一个有活力的城市，房价上涨空间大，以后即使不想在深圳住了，还可以把房子卖了，赚很多钱，把赚到的钱拿去救助有需要的人，这也是符合观音姐姐乐于助人的性格。而且按揭买房，不用一下子拿出很多钱，只要付首付就行了。（因，分析原因）

你看如来十年前在深圳华侨城买的那套别墅，当时买才 500 万元，去年涨到 5000 万元，后来他卖掉了，把赚到的钱拿出一部分再去投资，剩下的钱捐给了希望小学，帮助了很多孩子。（案，列举案例）

所以，我认为观音应该在深圳按揭买房。（结，再次强调观点结论）

黄金三点论

"三"是一个很神奇的数字，成语和歇后语中很多都带有三，比如三足鼎立、三顾茅庐、三心二意、三个女人一台戏、三个臭皮匠顶个诸葛亮。

黄金三点论，也叫"一二三法则"，借助序数词区分讲话的内容，也就是在讲话中围绕自己要表达的中心意思，运用"第一、第二、第三"或"首先、其次、最后"等序数词来论述。这样有助于我们迅速组织思路，听众也会感觉内容既条理清晰，又简洁明了。

"三"是一个很稳定的数字，当我们在表达某个见解时，只说两点会觉得单薄，但说四五点又担心自己记不住，别人也记不住。只讲三点，能够快速构思表达，形式如：

> 我发表三个见解。
>
> 我讲三个事例。
>
> 我们的任务分三步走。
>
> 我就三个方面谈一下自己的心得。
>
> 我们目前有三个需重点解决的问题。
>
> 我就产品、市场和服务三个方面进行阐述。

还有三步棋、三句话、三个惊喜、三个体会、三个感谢、三个收获、三个进步、三个阶段、三个祝福、三个忘不了、三个想不到等形式。

2005 年，乔布斯在斯坦福大学毕业典礼上做了一场经典的演讲——《求知若饥，虚心若愚》，他也是使用了黄金三点论——"三个故事"，分享了选择、热爱与死亡这三个故事。

三点论还有很多展现形式。

时间三点论：过去、现在、未来；昨天、今天、明天；初期、中期、后期。

在第三章中有说过，时间逻辑不仅可以使用在篇幅较长的备稿演讲中，也可以使用在即兴演讲上。比如前中国女排教练郎平在接受采访时说：

　　过去，我作为一名球员，与队友们一起顽强拼搏，获得了"五连冠"；今天，我作为一名教练，与我的团队一起永不言弃，时隔12年再次站在了奥运冠军的领奖台上；未来，我希望中国女排能将我们的"女排精神"传承下去，为"中国梦"的实现做出我们的贡献！

　　活动三点论：感谢 + 回顾 + 愿景。

　　感谢：感谢在座的对象，感谢某个具体的对象。

　　回顾：回顾过去的经历、经验、成绩、教训。

　　愿景：对未来的希望、祝福、梦想等。比如我期待、我祝福。

　　举个例子，针对家长代表发言场景，如果你是家长，对象是学校的老师。

　　分享的思路：感谢学校给孩子提供优越的学习环境，感谢老师的辛勤栽培，感谢在座的同学的帮助，回顾孩子的改变和进步，最后祝福学校越办越好，祝老师桃李满天下，祝孩子们快乐成长，等等。

　　运用"感谢 + 回顾 + 愿景"这个公式，可以让我们在很多场合发言时，轻松做到张口即来。这里推荐大家上网搜索观看马云在阿里巴巴十周年庆典上的演讲视频，全篇演讲结构，采用的也是"感谢 + 回顾 + 愿景"。

其他更多三点论的展现形式：

> 空间三点论：比如，北京 + 上海 + 广州
>
> 人物关系三点论：比如，学校 + 政府 + 家长
>
> 祝贺三点论：比如，祝贺 + 赞美 + 希望
>
> 说服三点论：比如，故事 + 总结 + 号召

借"题"发挥

在即兴演讲中恰到好处地进行借"题"发挥，不仅可以强化观点，而且形式上新颖独特，既增强演讲的效果，又能给听众留下深刻的印象。

1. 借物发挥

在某电视艺术节上，四位知名主持人现场遇到即兴演讲的大考验，要求他们根据自己面前盒子里的物品联系到对电视艺术节的祝福，挑战难度大，因为必须当下打开盒子后马上进行演讲。四位主持人急中生智，各显身手，纷纷展示了自己的风采和功底。他们的这次即兴演讲就是采用了"借物"的方式。

如何做到借物发挥，我们来举一个例子。

在一次"春蕾工程"资金筹措动员会上，有位演讲者这样说："我们大家都来看看摆在讲台上的这一盆盆鲜花，它们颜色鲜艳、形态美丽，还散发出诱人的香味，它的美丽和芳香是肥沃土壤孕育、阳光雨露滋润、花匠辛勤劳动共同造就的。虽然它们是优良品种，但如果失去土壤、阳光雨露和人们的精心呵护，它们会有怎样的命运呢？它们将没有机会绽放，它们将过早地枯萎，它们将无法奉献给这个世界美丽与芬芳。

现在我们生活的这个地区，有一些学龄女童，她们聪明、美丽、渴望读书，就像这一盆盆花一样可爱，但是贫困使她们失学。她们就像失去肥沃土壤、阳光雨露的花儿一样，不能正常地生长，她们聪慧的大脑不能用于学习，她们不能学到谋生的技能和建设国家的知识……让我们奉献爱心，为她们做一点捐赠吧！我们的捐赠将使她们获得受教育的机会，获得正常成长的环境！"

通过把讲台上的鲜花比作学龄女童，用鲜花绽放所需要的条件：肥沃土壤、阳光雨露、花匠辛勤栽培比作失学女童所需要的成长条件，可以说直观形象，打动人心。

2. 借人发挥

有位同学姓吴，我们可以借"吴"字展开话题，学口才就要向吴同学学习，"吴"上面是个"口"，我们学口才必须先开口；下面是个"天"，要天天开口坚持不懈地练习，不能三天打鱼两天晒网，这样才能练出好口才。

借人可以借姓名、借职业、借品格精神等，原则就是一定要借他人好的一面，不能诋毁他人。

3. 借景发挥

我曾经在安徽黄山主持过一个全国性的活动，12月的黄山一般会下雪，但是筹备的那几天并没有下。我们选择的酒店会场，透过玻璃能够清晰看到窗外的景象。活动当天，在开场进行到一半的时候，天空中突然飘落下雪花，我当即决定放弃之前准备好的台词。我说，此刻，请大家把目光投向窗外，在民间有一句谚语叫"瑞雪兆丰年"，另外大家有没有注意到，我们现场的两位领导，一位"某某祥"总裁，一位"某某瑞"总监，一位名字中带着"祥"，一位名字中带着"瑞"，合在一起预示着"祥瑞之兆"，再加上"瑞雪兆丰年"，相信本次的全国会议将会举办得更加圆满，更加成功！

主持中，我既借到了景，也借到了人，所以演讲现场收获了不错的效果。当然这里要特别说明的是：如果没有十足的把握去临场组织语言，建议按照事前准备的来发挥即可。

4. 借事发挥

巧妙地借故事、案例发挥，可以是新近发生的事情，也可以是当下演讲现场发生的事，找出这些事情与主题的某些关系进行即兴发挥。

我昨天掉了一颗牙，我的孙子最近也掉牙。我们两人掉牙有本质上的不同。我掉牙是衰老的表现，而我孙子掉牙却是成长的象征。同样，改革中出点问题，就像小孩子掉牙一样，是新生事物发展中的问题。前进中的问题，本身就包含着解决问题的因素。只要继续前进，问题就会解决。

借用"掉牙"的事，与改革中的问题做类比，既形象生动又很自然。

5. 借活动发挥

1991 年 11 月，中国电影的最高奖"金鸡奖"与"百花奖"同时揭晓，李雪健因在影片《焦裕禄》中饰演焦裕禄荣获"双奖"的最佳男主角。他在领奖时说："苦和累都让一个好人——焦裕禄受了；名和利都让一个傻小子——李雪健得了。"

李雪健的发言就是根据活动的内容选择话题。此外，我们还可以使用活动的主题作为即兴发挥的点进行展开。

6. 借地点发挥

演讲的地点，包括所在的城市或者当下的场地都可以成为即兴演讲发挥的点，因为这是听众所熟悉的，更容易引起共鸣。

鲁迅先生曾在厦门中山中学做过一次演讲，他开头说："今天我能够到你们这所学校来，实在很荣幸。你们的学校名叫中山中学，顾名思义，是为纪念孙中山。中山先生致力于国民革命 40 年，结果创造了'中华民国'。但是现在军阀跋扈，民生凋敝，只有'民国'的名目，没民国的实际。"

鲁迅从演讲的会址中山中学入题，在"中山"上寓于深刻的含义，一针见血地指出名与实之间的强烈反差，从而激发了中山中学师生们的革命热情。

借地点发挥，除了从场地本身的意义和当天活动的主题性质结合出发以外，还可以从这个角度出发：比如十年前你是以什么身份站在这里，十年后又以什么身份重新站在这里，当然，还是要与主题紧密结合。

很多人有个误区，认为即兴演讲一定是在现场才想到的，实际上，即兴演讲也能提前做准备。

有一次，丘吉尔要去发表演讲。到达目的地后，司机为他打开车门，他却迟迟没有下来。问他原因，他说："请稍等，我还在看我的即兴演讲稿。"

所以，哪怕是即兴演讲，其实也可以把它当作有准备的演讲。比如要参加某个活动，即使今天你不是受邀的分享人，也

　　可以预想一下根据这个场合和自己的身份角色等因素，事前准备发言素材。

　　另外，即兴演讲虽是一项可以通过长期刻意练习出来的技能，但是真正要做到面对任何场合脱口而出仍需要坚持不懈地修炼。

　　某主持人有一个非常经典的临场即兴演讲，被称为"黑色七分钟"。在某歌手选秀节目总决赛中，一位参赛歌手突然退赛，这位主持人临危不乱，为节目组赢得了调整时间。而这种能力并不是他与生俱来的，我们来看看他是怎样练习自己即兴演讲能力的。

　　在一期节目当中，这位主持人的一番话告诉我们，任何成功都没有捷径，也不存在什么天才，更不是只凭运气，而是长期默默地不断努力、努力、再努力。他自曝，他从 20 年前就没有光顾过酒吧，也没有去过 KTV，而是利用这些时间不断地阅读，经常从夜里九点看到早上七点钟。而且他看书绝非囫囵吞枣，他会把自己认为最好的句子，或者最感动他的一些思想，在内心反复咀嚼，有时候他还会对着镜头重复地说，目的就是让自己说的时候更加自然。

　　除此之外，他还会临时写很多即兴演讲的题目，然后自己随意抽，抽到哪个题目，就用三分钟时间准备，然后开始一场五分钟的即兴演讲。最后他透露，这种训练在他 20 多岁就已经开始，迄今已坚持了 20 多年。

鲁迅先生曾说："哪有什么天才，我只是把别人喝咖啡的工夫用在了工作上罢了。"这位主持人也不是天才，他只是将别人娱乐的时间全部花在阅读、思考和口才训练上罢了。所以希望大家能够花时间去修炼自己的即兴演讲能力，未来面对各种即兴讲话才能做到应对自如。

第六章

控场法则

——出色应对 掌控全场临危不惧

　　演讲中难免遇到突发状况，处理不好，会影响演讲效果，留下遗憾；处理得好，不仅能让演讲顺利进行，还能彰显你的机智，小意外也会变成大机会，为演讲加分。这一章将从自身和外界两个维度为你分享控场技巧。

　　在演讲中，我们最害怕出现一些意外情况，这些意外，如果没能很好地应对，就会让一场演讲出现瑕疵甚至失败；如果处理得当，会让一场演讲顺利进行甚至反而有出彩的表现。2007 年某元旦特别节目中，当时间接近零点时，现场突然出现两分半钟的空当，导演马上安排某知名主持人救场。在没有准备任何台词、导播反复误判下，这位主持人始终保持临危不乱，铸就主持史上一个经典的案例——"金色三分钟"，现在我们来看一下晚会上她即兴发挥的内容。

　　　　亲爱的观众朋友们，您现在正在收看的是我们为您现场直播的 2007 年新年特别节目。今晚，我们将在这里共同迎来又一个新年。

　　　　刚才结束的一首歌曲叫《忽然之间》。真的，忽然之间好像 2006 年就过去了，忽然之间好像 2007 年马上就要来到了。我真的是怕时间不够长，不够将所有的祝福都送出；我也怕我们的祝福不够深，及不上你们对我们的那份真情；我也担心所有的礼物不够多，不够让所有关注我们的观众都能够有所收获。那在这里我只能说，无论今晚还是明晚，还是今后的每一天，我们所能做到的就是尽心尽力地在我们的工作岗位上去做出最好的节目来回馈给你们，为你们带去更多的快乐！

　　亲爱的观众朋友们，在我们的彼此问候当中，在我们的期盼当中，2007 年马上就要来到我们的身边了。导播告诉我说，现在距离 2007 年只有 17 秒的时间了，让我们一起来倒计时吧！ 9、8、7、6、5、4、3、2、1，新年快乐！

　　除了这位主持人的"金色三分钟"，我们在第五章提到的另一位主持人的"黑色七分钟"，也是主持人临场应变的典型案例。

　　对于优秀的主持人来说，临场的应变能力尤为重要，出错的时候也是出彩的时机。而对于我们在舞台上的演讲分享者来说，同样需要这种临场应变的能力。很多人都担心在演讲中发生意外的情况，如果真的遇到了，这时候我们需要具备应变与控场的能力。

　　什么是演讲中的应变能力呢？就是在演讲过程中，面对主观或客观出现突发事件和意外情况形成对演讲的阻碍和干扰时，演讲者敏锐、及时、准确地做出反应，并采取有效的措施，使演讲顺利进行的处理能力。

演讲中的"捣蛋鬼"有哪些

从定义中可以看出演讲中的干扰主要来自两个方面，一是自身，比如自身准备不足、紧张、恐惧、忘词、身体不适等。二是外界，比如天气突变、喝倒彩、噪音、听众刁难、手机铃声、听众退场等。

从自身角度我们应该如何控场

在自身方面，很多人会遇到以下几种需要应对的临场突发情况。

忘词了怎么办？

很多人在台上讲话最怕的就是忘词，那种尴尬和窘迫，经历过的人都会刻骨铭心，忘词无疑是演讲中的重大事故，会严重影响分享效果。

那如何预防忘词呢？这里分为三个阶段。

1. 准备期

这个阶段一定要做到超量准备，如何操作可参照第一章的"试讲四要领"：发出声音，强化记忆；模拟现场，逼真练习；录制视频，复盘优化；现场彩排并让听众聆听，给予反馈，再次复盘优化。

2. 上台前

在上台前，可以回想总体框架，这里可以使用提纲记忆法，开场、正文、结尾分别记住关键词来强化记忆。另外需要特别熟记好开场和结尾，因为从心理学角度来说，开场有着首因效应的作用，而结尾有着近因效应的作用，都会给听众留下深刻的印象。

3. 演讲中忘词

第一，要做到"处变不惊"，稳住自己的情绪，集中思想，争取在两三秒钟之内迅速回忆演讲的内容，同时语速尽量放缓。

第二，忘记的词语可以换一个意义相同或含义相近的词来替代，这样就可以不露痕迹地把自己的遗忘掩饰过去。

第三，如果实在想不起下一句的内容，果断地"另起一行"或"另起一段"，把下面的内容提上来讲。

> 　　多年前我曾经主持过一场活动，当时由于稿子第二段是新增的内容，所以我不是很熟悉，因此，在即将说完开场白的时候，我突然意识到第二段可能无法流畅地进行，所幸那段台词对于整体的流程并不影响，因此，当时我果断放弃了这段内容。最后，整场主持圆满完成，主办方非常满意。

　　第四，可以与现场听众进行互动，提问大家针对这个问题是否有想法，在这个过程中，争取时间思考自己的内容，或许听众的回答还会给你带来意外的惊喜。

　　第五，如果演讲时遗忘的内容比较重要，在后面的演讲中又想起来了，可以采取结尾补充的做法，比如：

> 　　今天和大家分享了时间管理的三大技巧：二八法则、四象限原则、善于做计划，但是对于现场的管理者来说，还有一个重要的时间管理技巧，就是巧妙的授权管理……

　　演讲要注意连贯性和流畅性，千万不要因为忘词而僵持在台上苦思冥想，要知道，听众很难忍受演讲者过长时间的停顿、回忆和思考。快速进行临场发挥，即兴下去，才能保证听众注意力不涣散，也不影响听众的情绪和演讲的效果。

在这里，大家一定要记住忘词的四大心法要领：

防在先。为了预防忘词，要提前做好充分的准备，降低忘词的风险。

化在后。在充分准备的前提下，现场如果出现问题再思考如何化解危机。

看不出。不要让现场的听众看出来你忘词了，有很多分享者一忘词，就明显变得局促不安，小动作很多，比如：伸舌头、拨弄头发、摸后脑勺、反复扶眼镜，有的甚至会紧张脸红。

听不到。忘词时不要明显地说出来，比如"不好意思，我忘词了"。

说错话了怎么办？

在演讲中，还有一种容易发生的意外情况，就是说错话，这个时候又该怎么办呢？

如果演讲过程中说错了，演讲者要保持镇定，不要慌张，对于一般的错误，比如吐字发音问题，例如"知道"这个词，"zhi dao"说成"zi dao"，重说更正即可。

如果是非常明显的错误，可以采用两种方法解决：

1. 巧用反问的方式

比如，有一位演讲者在讲《我最尊敬的一个人》，分享的是他父亲"身残志坚"的励志故事，可是由于过度紧张，演讲中不小心说错了一句："我的父亲是一位身残志不坚的人"，话一出口演讲者立刻意识到说错了，于是他快速巧用反问的方式化解："我的父亲真的是身残志不坚的人吗？不，他像众多的残障朋友一样，用他身残志坚的精神闯出了一条成功之路！"

2. 借题发挥

比如，1938 年，陈毅带着他的部队到浙江开华县华埠镇休整，当地的抗日组织给他举行了一场欢迎大会。会议上主持人大声说："我们首先请陈毅将军说话，大家掌声欢迎。"只见陈毅登台后，接着主持人的话说："我叫陈毅，耳东'陈'，毅力的'毅'。刚才主持人称我为'将军'，实在不敢当，我现在还不是将军。当然，叫我将军也可以。因为我是受全国老百姓的委托，去'将'日本鬼子的'军'，并且这一'将'，必须把他们'将'死为止……"

迟到了怎么办？

第一，出门前做好路线和时间规划，提前预防，避免迟到。

第二，在意识到可能要迟到时，打电话通知活动主办方，把上台的顺序调整一下。

第三，到达现场时，上台前要用 30 秒的时间来平静自己的心态，再检查一下自己的着装和发型等。

从外界角度我们应该如何控场

在外界干扰上，如果我们遇到临场突发状况，应该如何应对？

如何应对意外？

1. 幽默化解

> 有一次，钢琴家波奇在密歇根州的弗林特城演奏时，发现全场观众很少，还不到半数，他感到很失望。但依然从容地走到舞台前，幽默地对观众说："你们弗林特城的人一定很有钱，我看你们每个人买了两个座位的票！"话音刚落，观众席发出笑声，同时全场掌声雷动。

幽默不仅化解了波奇在突发状况下的尴尬，还拉近了与观众的距离。

2. 把意外当成演讲的部分

在演讲中，如果遇到意外摔倒的情况，应该怎样处理呢？

某学者应邀到大学举办学术讲座。由于是阶梯式教室，学者上台阶时，一不留神一个趔趄摔倒在台阶上，学生们哄堂大笑。学者站起来后，指着台阶说："大家看到没有，上一个台阶是一件多么难的事，生活是这样，写诗也是这样。"这一哲理性的话语顿时赢得了学生们热烈的掌声。学者笑了笑，接着说："一次不成功不要紧，只要继续努力就行了！"说完，走上讲台继续讲座。

因为意外，这位学者的演讲从台下就开始了，他巧妙地处理不仅缓解了自己摔倒的尴尬，而且富有哲理的语言也启发和激励了现场的学生。

同样遭遇这种突发事件的还有一位，就是获得奥斯卡最佳女主角奖的雪莉·布思，她上台领奖时，由于跑得太急，上台阶时绊了一下，差点摔倒。她在致辞时说道："我经历了漫长的艰苦跋涉，才到达这事业的高峰。"

这句应变的开场白简直妙不可言。她将上台领奖遇到的挫折与拍电影历经的艰辛巧妙地结合在一起，既揭示了达到事业顶峰的真谛，同时又化解了险些摔跤的尴尬，可谓一举两得。

面对听众提问该怎么办？

踢球法。"谁能回答这个问题呢？"把问题抛给其他听众，注意判断其他听众是否能回答。

照镜法。"你的意见呢？"把问题抛给提问者，注意态度和用词，并先赞赏他。

切西瓜法。"时间有限，回头给你资料"，如果问题比较复杂，现场转移注意力，事后思考好再回复提问的听众。

集思广益法。"这个问题提得很好，正是我下面请大家讨论的问题"，集思广益，集体讨论，注意要有知识点和内容支撑，不能超出听众理解能力。

遇到挑衅、对立的听众，该怎么办？

我曾经听过这样一个案例，在一家考证培训机构，老师正在课堂上讲人力资源二级考证的重要知识点，突然有个学员站起来说："老师，你怎么这样讲课，只是让我们做下题目，翻下书在第几页划重点，你也要给我们讲一些实战的东西啊，我觉得老师你讲得不行！"老师听后很生气说："我讲得不行，你别听！"于是学生把这个老师投诉到校长那里，老师被辞退了，学生也不考了，两败俱伤。

如果是你们，会如何解决？当时我思考了一下，如果是我，我会按以下三步来解决。

第一步，对这位学员说："你认为老师讲得不好，说明你有在思考，我很欣赏你。"首先认可学员，不要让他站在你的对立面。

第二步，问下那位学员："那你能不能说一下，你所希望的老师应该用什么方式来教学才会比较合理呢？你能不能上台给我们演示一下呢？"

第三步接着说："其实每个老师都有自己的风格，每个学员都有不同，我们应该照顾多数人，如果你觉得课程中有疑问，等课后我可以给你单独辅导一下。"

在演讲中，遇到对立、挑衅的听众，对演讲者阐述的观点持怀疑、抵触乃至对立情绪，这是常有的事。如果演讲者采取循循善诱的疏导，就有可能扭转这些听众的戒备或对立心理。

面对不同的看法，千万不能一开始就和听众情绪对立，形成"顶牛"状态，这样会丧失演讲说服力。演讲者应该保持良好心态，不要让自己的情绪太受影响，失去了风度，切不可反应过激，要持欢迎的态度，感谢对方有不同的看法，然后找出问题的根源，冷静处理。

遇到刁难、调侃的听众，该怎么办？

无论是在演讲中，还是在日常的人际交往中，我们有时候会遇到一些刁难尴尬的问题，这个时候我们如何机智应对呢？

1. 幽默应对

幽默是一个很好的"武器"。有一位影视演员，虽然不属于高颜值的明星，但是显然是一位高情商的人。

> 有一次他参加一个访谈节目，在采访的过程中，主持人略带火药味地问："你现在觉得自己特别火是吧？"他立即回答："都来您的节目了，能不火吗？"

一句话不仅夸了自己，还把主持人和这个节目全夸了，主持人听后笑得美滋滋。

2. 避实就虚

在一次记者招待会上，一位西方记者问周恩来总理："请问，中国人民银行有多少资金？"周总理听出他是在讥笑我国贫穷。对此，周总理没有做正面回答，而是巧妙避实就虚地说："中国人民银行货币资金嘛，有 18 元 8 角 8 分。"接着，周总理做了这样的解释："中国人民银行发行面额为 10 元、5 元、2 元、1 元、5 角、2 角、1 角、5 分、2 分、1 分的共十种主辅人民币，合计为 18 元 8 角 8 分。"

周总理的一席话可谓语惊四座，人们对他的机敏应变佩服得五体投地。

3. 转移注意

在一次颁奖晚会上，主持人给一位男嘉宾出了道难题，主持人拿出三朵玫瑰，让男嘉宾送给生命中三个最重要的女人。现场有那么多男嘉宾的朋友，而玫瑰只有三朵，到底要送谁呢？送给她们当中任何三个人，其他人都会有想法。对此男嘉宾稍稍思考了一下，微笑着说：

第一朵玫瑰，我想送给我的家人。这个家人我指的是和我共同战斗这么多年的家人，包括我的老板，包括我的经纪团队和我的经纪人，我的化妆师，我的宣传团队，也包括一直与我走在一起我的粉丝们。我希望可以让主持人帮我代领。

第二朵玫瑰，我觉得应该送给我的爱人。虽然目前还没有，但是今天在台上有一位女士曾经演过我的爱人。所以我想请她代收，你替我保管好了，等我找到的时候，我跟你要回来。

第三朵玫瑰，我要送给我的亲人，是跟我有血缘关系的亲人。当然是我的妈妈，我也想送给我未来的女儿。这不仅仅是血脉的延续，我觉得这也是爱的传递。当然，我也想过，万一我生的是儿子，我同样要把这朵玫瑰花交到他的手上，我要让他知道这朵玫瑰是带刺的，在通往鲜花和掌声的道路上，也是一条披荆斩棘的道路。

如何处理内容多、时间少的问题？

事先应当通盘谋划，留有余地，不能满打满算，这个时间把控问题在第一章内容准备阶段中有详细分享过。

也可以压缩某些内容，删除某些句子、段落和事例，比如三个事例，减少到一个事例。

特别要注意的是，即使时间不足，结尾也要使用概括性的语言，要保持整个演讲的完整性，不能说"因为时间的关系，今天的分享就到这里"。

反之，如果是内容少，时间多呢？这个时候，我们的事例就可以增加一些，内容可以拓展一些。

在这里，我特别提醒一下大家，尤其是演讲经验不是很足的朋友，为了预防突发情况的发生，比如临时因为流程的变化导致发言时间需要缩短或者加长，我们可以事先准备标准版、短版、长版三种类型的演讲稿，以备不时之需。

如何处理外界环境干扰？

有一年，一位相声表演艺术家在表演相声《婚姻与迷信》，正说道："前面有一个火盆，旁边人举着一杯酒，当新娘子迈过去的时候，往上面一洒，火苗子一起来，预示着他们以后的生活旺旺腾腾的。可是，您说这要是把裙子烧着了怎么办？"观众在下面"哗"地笑了。而这时，外面有辆消防车刚巧经过这里，观众的注意力一下子转移了，都在扭头向外看，现场的秩序一下乱了。此时这位艺术家却很镇静，他说道："各位，您听见了没有，这指不定是哪家结婚把裙子点着了。"观众一乐，都又回来聚精会神地听相声了。

大师不愧为大师，这位艺术家用他的机敏才智把突发事件和自己的表演内容巧妙结合，结果相得益彰、妙趣横生。

分享中，还有一个外界干扰比较大的就是手机铃声突然响起，所以有的培训现场会专门设置一个集中存放手机的"养机场"或"停机坪"。而我一般会在培训的破冰环节和大家玩一个小小的互动，从而避免这种干扰发生。

请大家把手搭在旁边伙伴的肩膀上，然后眼睛深情地看着对方的眼睛说，"如果一会儿上课我的手机响起，我就把它送给你"，一般在眼神对望的时候很多人就会忍不住想笑了，再加上后面一句，现场的氛围更热烈了。大家做完这个互动，加上设定了奖惩机制，一般都会把手机调整好。

有时候，现场出现的干扰因素，恰恰是给予你临场应变和即兴发挥的契机，需要你抓住时机再创造。

设备出现问题该怎么办？

　　某电视艺术节颁奖晚会上，颁奖嘉宾拿的手屏无法显示获奖人姓名，遇到这种事情，两位颁奖嘉宾瞬间慌了神，左顾右盼寻求帮助，现场逐渐尴尬起来。

　　这时，一位主持人问另一位主持人："你确保你能解决这个问题吗？"这位主持人回答说："当然，我们除了有最高端的科技之外，我们也有最原始的手段。"说着就从容地走向颁奖嘉宾递上了手卡，从而及时化解了尴尬。

　　我们在第一章中提到，在环境的准备方面要提前对电脑和投影仪、音响话筒以及演讲 PPT 的放映进行检查调试，如果在检查中没有出现问题，但是在演讲的过程中设备突然出现状况该如何解决呢？

　　比如话筒这个设备。有一次我给 100 多位听众做演讲培训，我习惯性和助理提前一个小时到达会场准备。在前期检查时所有话筒都是没问题的，但是在使用过程中话筒突然出现刺耳的声音，我虽然觉得有点意外，但是没有表现出丝毫惊慌，而是把话筒放在讲台桌上，示意工作人员处理，我还是继续和现场的听众分享，只是在此时会刻意加大音量。这个细节让主办方邀请的一位嘉宾看在了眼里，事后和主办方负责人说："你们请的这位老师遇到突发状况能这么从容淡定，看得出来授课经验很丰富。"

在演讲中，有些分享者遇到设备突然出现意外，可能会惊慌失措、手忙脚乱，严重影响了自己的心情和分享的效果。这个时候一定要保持冷静，在工作人员处理期间，可以靠近观众，加大音量，继续分享。

无论是授课还是演讲分享，我都会做好没有 PPT 的准备。

多年前，我到一家集团公司面试培训主任，当时第一轮就遇到了这种情况，面试官突然说，"不要用 PPT，你直接试讲吧"。因为我心里早预设过这种场景，所以并没有表现出慌乱，还是自信、流畅地进行了试讲，最终顺利进入后面两轮面试，应聘成功。

优秀的分享者都具有很强的临场应变力，但这种能力并不是一蹴而就的，如果准备不足，知识储备不够，那么就会陷入尴尬的局面，只有博览群书，勤于思考，持续上台实战演练，积累多了，应变力才会不断增强。因为，只有在人后极其努力，才能在人前毫不费力！

第七章

互动法则

——巧妙互动 演讲氛围不冷场

　　演讲不是独角戏，站在台上，你不是讲单口相声，要和台下听众互动，才能不断地抓住观众的注意力。活跃气氛让演讲不冷场，演讲效果会更佳，所以在这一章中会为你分享与听众高效互动的七大技巧。

研究表明，一个成年人注意力完全集中的时间是 35 分钟，35 分钟过后会有一个注意力涣散的过程，涣散后每个人恢复注意力集中的快慢各不同。在信息大爆炸的时代，人们的注意力更容易分散，比如手边有一部手机，就让我们忍不住想看看有没有电话、微信。

在演讲中，如何应对听众注意力涣散的问题？在这之前我们要意识到作为演讲者，如果在舞台上全然不顾听众，只是自娱自乐，没有互动，演讲就成了单口相声，演讲者就是在唱"独角戏"，很容易让听众的注意力涣散。一场仅有演讲者单方面的、单调的演讲，过程容易枯燥，让人昏昏欲睡，演讲效果就会差强人意。因此，只有加入互动，才能把听众都调动起来，听众才会有更好的体验感。

演讲互动的主要目的首先是服务于演讲的目标，有利于目标的达成；其次是增强观众的参与度，让观众也参与主题的讨论；最后是活跃现场气氛，避免冷场。

接下来我给大家分享 7 种实用有效的方法。

🎤 动起来：肢体互动

首先，肢体互动，不只是让听众的身体动起来，而是一方面引导听众参与到演讲中，另一方面还要具有启发性。

有一次上课，我让学员用两个手掌比一个"人"字，接着让大家互相观察，学员会发现从对方角度看是"人"字。说明我们在生活和工作中，站在不同的角度看事物，结果是不同的，因此，要学会换位思考。

这样简单的一个互动既让听众有参与感，又导入了主题。

其次，巧妙设计肢体互动，能引发听众的触动和共鸣。

比如我曾经辅导一位学员分享"女性独立"这个主题，现场大部分听众都曾是家庭主妇，我在她的演讲中设计了一个肢体互动：让大家伸出双手，先掌心朝上，再掌心朝下。做完这两个动作后，告诉听众其中的含义：掌心朝上意味着乞求索取，掌心朝下意味着分享给予。再发问：你想过怎样的人生？是掌心朝上还是掌心朝下呢？

最后，同一个肢体互动方法，可以引申出不同的主题和观点。比如用"十指交叉"这个动作，能提炼出两个观点。

观点一，习惯的力量。具体操作是：

带领听众把双手十指交叉在一起，随后让左拇指向上和右拇指向上的人分别举手示意，告知大家这是个人的习惯导致的。接着让大家换各自拇指在上的动作重新做一次，比如右拇指在上的人换成左拇指在上，一定会感到不舒服，以此推导出习惯给人的影响。

观点二，演讲需要全脑思维。具体操作是：

先展示一张人的大脑图，告知左右脑分工不同，左脑重在逻辑推理，右脑偏向形象思维，左脑支配的是右手，右脑支配的是左手。

这时候让学员十指交叉，注意观察是左手大拇指在上，还是右手大拇指在上。接着让大家举手示意自己的情况，对左拇指在上的学员说："这说明你们的右脑发达，情感细腻，家庭幸福。"对右拇指在上的学员说："你们的左脑发达，说明思维缜密，事业成功。"最后我再说："其实刚才只是一个玩笑，但是相信每个人既希望家庭幸福，也希望事业成功。同样，演讲也是如此，既需要左脑的理性，也需要右脑的感性，所以，我们在演讲中要具有全脑思维，就像左脑擅长讲道理，右脑擅长讲故事，如果整个演讲只有道理，会显得枯燥，但是只有故事，会显得没有深度。"

这是我在讲故事培训中设计的一个互动，学员在这个过程中，也加深对观点的理解和认识。

🖊 说起来：语言互动

语言互动包含提问和语言引导两种形式。

提问分为封闭式问题和开放式问题
1.封闭式问题相当于判断题和选择题

判断题：你会不会开车？

选择题：你吃包子还是三明治？

2. 开放式问题相当于问答题

比如：你早餐吃了什么？

你认为新手司机开车应该注意哪些事项？

使用提问，有四点需要注意：

第一，问题不要太多。不要连续问好几个问题，一般不超过三个，数量太多会增加问题的难度。

第二，问题本身不要太难。尤其是开场的问题最好以简单为主，听众容易做出回应，否则容易出现冷场的尴尬。要预想到不同结果听众的反应，提前思考应对的方式和话术。

第三，问题要适合现场听众。如果现场是大爷大妈，你问"中国去年 GDP 增长了多少"，这个问题显然不符合现场听众的认知范围，如果你问他们"曾经在买菜的时候有没有收到过假钱"，相信现场会有人参与互动，这再次说明了提前了解听众信息的重要性。

第四，动作引导。在提问中，如果需要让听众配合你做出肢体上的回应，你要自己先做起来进行带动，这在演讲中叫作动作引导，如此更容易把听众情绪调动起来。

语言引导

在分享中，可以运用语言引导的方式，创造与听众的互动。比如众所周知的一句话"三人行，必有我师"，在"三人行"这里停顿一下，有些听众会忍不住跟着一起说出来后面的内容，但是要注意引导的内容不要太难。

我曾经的一位学员，特别喜欢在开场白引用很生僻的诗词，又喜欢和现场的学员互动，很多时候，说完上半句，下半句根本没人能接上，现场变得很尴尬，也影响自己接下去演讲的信心。

另外语言引导时要注意语速，不要过快，演讲者在希望和听众互动的地方停顿，给予听众互动的时间，并做好应对"冷场"的准备。

✏️ 用起来：道具互动

在第三章中，我们说到开场可以使用道具法，而在演讲的过程中，道具也是一个很好的与听众互动的方式。

有一位讲师在培训中拿起桌上的一杯水，问学员："各位伙伴，大家觉得这杯水我能不能拿1分钟？"大部分人都说没问题，讲师又问："如果拿5

分钟呢？"这时候小部分人说没问题，接着，讲师问："拿 1 个小时呢？"大家纷纷表示说不可能。

最后讲师总结说：其实这杯水的重量是一样的，但是你如果拿得越久，就会觉得越沉重，这就像我们承担着压力一样，如果我们一直把压力放在身上，不管时间长短，到最后就会觉得压力越来越沉重而无法承担。我们要做的是：将承担的压力适时地放下并好好地休息一下，然后再重新拿起来，才可以承担得更久。就像这杯水，不休息坚持拿着 1 个小时不太可能，但是通过休息、再拿起这样的节奏，劳逸结合进行调节，这样就能轻松做到。

用简简单单的一杯水作为道具与现场学员互动，不仅更能凸显观点，也给人留下深刻印象。

在演讲中，除了实物道具以外，还有一个很重要的道具——PPT。

虽然 PPT 在演讲中是锦上添花的角色，但是有时候听众会根据你的 PPT 质量来评判你的演讲。如果你的 PPT 设计质量高，会增加听众对你演讲的兴趣度；反之，如果 PPT 设计得糟糕，他们会认为，你都没有时间设计 PPT，想必也没有花费太多时间准备演讲。

　　我曾经辅导过一位地产行业的学员，当时他马上要参加全国项目经验分享演讲比赛，演讲需要借助PPT来呈现。在给他辅导的过程中，我们从PPT的内容和排版等方面进行了反复打磨优化，在初赛时，学员表现很出色，有位评委说："这个PPT是目前为止做得最好的，也可以看出来你很重视这场比赛。"因为有这个优点的加持，他给评委留下了很好的印象，最后，这位学员初赛获得了全省第一名的好成绩，后来他代表自己所属省份参加决赛，又获得了全国总冠军。

　　所以，在演讲中不能忽视对PPT的美化，但是很多分享者在制作PPT上都会出现以下问题：

　　word搬家，满屏都是字；

　　语言无提炼，没亮点；

　　逻辑混乱，没有重点；

　　文字太小，层次过多；

　　模板混乱，不统一；

　　色彩混乱、多而杂；

　　图片低劣、图片太多、图表堆砌；

　　动画混乱，令人眼花缭乱。

　　我们制作 PPT 辅助演讲的目的是促进沟通，制作不美观的 PPT 反而会影响沟通效果。所以我们说"一流的演讲配上三流的 PPT，只能获得二流的演讲效果"，我们要做的是"一流的演讲配上一流的 PPT"。

制作 PPT 时要记住三个原则

1. 以少胜多

　　三三三原则，整个 PPT 里颜色、字体、层次、动画特效、表现形式尽量不要超过三种，否则会给人感觉太凌乱。

2. 突出重点

　　内容上要做到精准提炼，富有新意；形式上可以通过改变颜色和字体、加大字号、加粗等强调重点，尽量不要用斜体和艺术字，同一张 PPT 上重点最好只有 1 个，最多不要超过 3 个。

3. 风格一致

　　模板、结构模式、字号、动画特效整体风格保持一致。PPT 整体要求：文不如字、字不如表、表不如图，配图要力求准确表达文字的意思，图片质量要高，不能带水印。

　　大家会看到很多发布会的 PPT 都是属于海报级别的，PPT 现在都是力求简单直观，很多文案都是金句的形式，这也有利于演讲信息的传播；另一个就是要生动形象。

大家看下以下这三种呈现方式，哪一种在 PPT 上的表达是最生动形象的呢？

呈现一

1992 年，阿特·西尔弗曼遇到一个问题：

如何让美国人了解电影院一中包爆米花含 37 克饱和脂肪酸，而美国农业部建议一顿正常的饮食所含的饱和脂肪酸不得超过 20 克，一包爆米花就能提供差不多成人一天所需的饱和脂肪酸。

呈现二　　　　　　　　　　　　呈现三

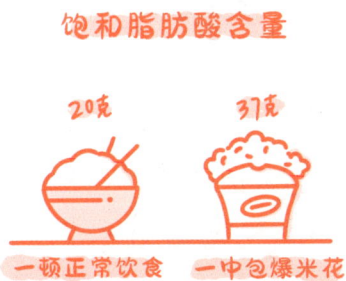

图 7-1　饱和脂肪酸含量　　　图 7-2　成人一天所需的饱和脂肪酸

毋庸置疑，一定是第三种，简单、直观、生动，更有吸引力、更令人难忘。

所以说一图胜千言，要通过视觉方式呈现你的观点。在制作PPT中千万不要用满屏的文字去填满，反而文字越简单越好，再配上图片，简单明了，更易于听众接收信息观点，并且把注意力放在听你的演讲上，而不是阅读 PPT 上。

玩起来：游戏互动

在演讲中，加入游戏的元素，会极大提升听众的参与度，活跃现场的氛围。

比如，在演讲或培训开场时，可以玩一个破冰游戏——"初次见面"，让大家活络起来，消除彼此的陌生感。

第一步，给每一个人制作一个姓名牌。

第二步，让每位成员在进入培训室之前，先在名册上核对一下姓名，然后给每个成员一个别人的姓名牌。

第三步，等所有人到齐后，要求所有人在 3 分钟之内找到姓名牌上的人，并互相做自我介绍。

所以，当听众在寻找姓名牌上的人时，也同时认识了其他的人，通过这个游戏，拉近了大家的距离，也调动了现场的氛围。

再比如为了让听众深刻感受团队间合作、分享的重要性，我们可以玩一个"回形针用途"的游戏。

第一步，每个人先自己写出回形针可能的用途，不能和其他组员交流。

第二步，将组内所有人写出的作用整理在一起，同时大家还可以继续讨论产生新的想法。

第三步，将所有组关于回形针的作用整理在一起。

在游戏中，大家能通过这种头脑风暴的分享方式，感受集体的力量远远超过优秀的个人力量，所以，在平时的工作中，可以采用头脑风暴的方式找出问题的解决方案或者创新想法。在头脑风暴的过程中应该遵循以下原则：不批评别人的意见；欢迎异想天开；注意数量而不是质量；不突出个人表现，强调人人参与，并对各种想法进行组合和改进。

我曾经在给一家全国连锁教育机构的管理层做讲师培训时，自创了一个知识点回顾游戏"丢皮球"。当时，我需要在第二天上课前给学员回顾第一天所学的知识点，我放弃了老师回顾和提问加分的常规方式，改用游戏的方式。

第一步，准备一个皮球，把组与组的成员打乱后，手拉手围成一个大圈。

第二步，当音乐响起时，皮球开始传递；当音乐停止时，手拿皮球的人回答 PPT 上准备好的题目。

第三步，回答正确给这位学员所在的组加分，回答错误不扣分，但是其他人可以抢答获取分数，并最后公布正确答案。

通过这个游戏，现场的氛围非常欢乐，同时不论学员是否拿到球，都非常关注问题和答案，对于知识点的记忆更牢了。

🖊 演起来：模拟互动

苏格拉底曾经说过：教育不是灌输，而是点燃火焰。同样，演讲要注重对听众的引导，而不是填鸭式的灌输，用情景模拟启发的方式会让他们体验更深刻，也更容易接受和认同。

比如技能类的分享：

案例 1

在"面试技巧"主题演讲中，演讲者分享完知识点后，可以邀请现场两位听众分别模拟"考官"和"面试者"的角色，在情景模拟中，观察是否正确使用了分享中的技巧，便于从中找出改进点不断精进优化，也给现场其他更多听众启发。

案例 2

在"餐饮客诉处理技巧"主题中，邀请两位听众分别扮演"顾客"和"服务员"的角色。假设"顾客"在菜里发现了异物，找来"服务员"投诉，观察这位"服务员"是否能妥善解决这个问题。

模拟后主讲人根据"服务员"的处理方式进行分析，这个环节也可以邀请其他听众参与，互动中可以给予奖励。

特别要说一下，我到企业参加授课时，一般采用分组 PK 的方式，根据每组的表现情况进行打分，并且在适当的环节公布成绩，最后评出表现出色的小组及个人，再给这些团队和个人奖励。这种分组 PK 的激励机制，能激发听众的参与度，形成团队间你追我赶的活跃氛围。

除了技能类的主题分享可以采用模拟外，情感类的分享也可以。

> 比如"亲子沟通"的主题演讲，可以设计一个情景模拟，让孩子以家长的身份，家长以孩子的身份进行角色互换，演绎日常沟通的场景，结束后，邀请双方各自分享自己的感受，相信有的"孩子"在分享后，一定会很触动和感动。在这种情景模拟互动中，自己的亲身感受、体悟，远比单一的理论灌输更为深刻。

考起来：大脑互动

演讲中，出一些需要大脑思考的"考题"，也能引起听众挑战的兴趣。

在逻辑这堂课上，我会用《金字塔原理》一书中一个生活场景对话，考验大家的记忆力，让学员用 10 秒快速看完以下内容，时间到了后，我切换 PPT，问他们刚才这段内容中，老婆说了什么？你还记得吗？从而引导出结构化分组的重要性。

当你决定离开空调房，出去买一份报纸，你对妻子说："我想出去买份报纸，你有什么要我带的吗？"

"太好了，看到电视上那么多葡萄的广告，我现在特别想吃葡萄，买两斤葡萄。"妻子说。

你从衣柜拿出外衣，妻子则走进了厨房。

"我看冰箱里的牛奶不够了，买一包牛奶和二斤鸡蛋。"妻子说。

当你穿上外衣向门口走去,你打开房门,妻子说："还有块黄油。"

你开始下楼梯，妻子说："酸奶、橘子、苹果都给我买点。"

还可以出一些趣味"考题"。

"一笔变字"，给"王"字加一笔，会变成什么字呢？你也来填写下。

王（　）王（　）王（　）王（　）王（　）

正确答案：

王（玉）王（五）王（丑）王（主）王（丰）

除此以外，我们还可以使用图片、脑筋急转弯、选择题、连线题等方式来设计"考题"互动，我在分享"演讲设计六步法"中，设置了一个"正确排序"的互动：把确定演讲目的、了解听众的组成、确定演讲主题、撰写演讲提纲、搜集演讲素材、撰写演讲稿这六步顺序打乱，现场让听众思考并回答正确的排序。所以，大脑互动的方式是多种多样的，大家可以根据自己的内容和希望达成的目标来设计。

拍起来：掌声互动

在演讲中，我们渴望获得掌声，一场演讲，如果掌声越多、越热烈，而且是听众发自内心主动鼓起掌来，从这个角度看，你的演讲效果应该不会太差。

在演讲中，我们可以引导听众给你掌声。那么如何调动听众鼓掌呢？

为活动的主办方鼓掌

我们把掌声送给活动主办方的每一个人，感谢他们的辛苦付出，没有他们的付出，就没有我们今天聚集在这里的演说。

为听众的学习精神鼓掌

有一次我到一家企业培训，企业的老板也在现场，我是这样说的："一个不断学习的企业是富有生命力的，一个重视员工成长的领导者是富有格局的，让我们把掌声送给自己，也送给林总！"

再比如，有一次演讲开场我是这样说的。

哈佛有个著名的理论：上帝公平地给了每个人每天三个8小时，第一个8小时是睡眠时间，第二个8小时是工作时间，第三个8小时是业余时间。有资料显示：人与人之间的差距取决于第三个8小时。今天是周末，大家放弃了休息娱乐的时间来学习，说明大家都是一群努力上进的人，所以把掌声也送给我们自己！

既与听众形成了互动，也赞美了听众。

听众之间互相鼓掌

现场的男士为女士鼓掌；老员工为新员工鼓掌；年轻人为老人鼓掌；本地学员为远道而来的学员鼓掌；业绩好的人为业绩没有达成的人鼓掌，以此鼓励他们完成业绩目标。

有一次我们机构有位远道而来的老者参加培训，我是这样说的：

> 这个时代没有"60后""70后""80后""90后""00后"，只有落后！今天在我们现场，有一位伙伴专门远道而来参加课程，在这里，对于李××同学这种终身学习的精神，我们要给予热烈的掌声！

以上对互动的作用和方法进行了详细的分享，那么互动中有哪些问题是需要注意的呢？

互动中的注意事项

1. 互动要紧扣演讲主题

互动只是促进有效演讲的手段，并非目的，更不是追求场面和气氛的工具。如果为了互动而互动，听众容易脱离对演讲主题和演讲目的的关注。

2. 互动要讲究听众对象

有价值的互动是能让听众体会、领悟的，要重视个体听众或群体听众的差异性，选择适合听众对象的互动方式，如果面对的是一些保守严谨的听众，一般不建议采用过多互动，因为容易有冷场的风险，要避免弄巧成拙、适得其反。

3. 互动要注意灵活性

同样的互动方式，由于受到听众、环境、流程、主题、目的、时间等因素的影响，最终呈现的效果会有明显的差异，所以要灵活使用。

第八章

台风法则

——专业风范 态势语规范技巧

　　语言分为两种，一种是有声语言，通过声音来传递信息；另一种是态势语言，是通过体态、手势、表情、眼神等非语言因素，传达信息的一种言语辅助形式。在这一章中，将会分享如何塑造专业的台风，从而提升演说的形象力和表现力。

先来玩一个小互动：找家人或朋友，用以下三种方式和对方说："你的口才真棒！"结束后，询问对方的感受。

- 无表情、没有手势、不看对方。
- 有表情、没有手势、看着对方。
- 有表情、有手势、看着对方。

大家认为哪一种效果是最好的？无疑，是第三种。

第一种，虽然嘴上说着夸赞对方的语言，但是因为没有做任何表情、手势，更没有看着对方说，这样会给人一种缺乏真诚和尊重的感觉。

第二种，虽然有表情，也看着对方，但是没有手势动作，夸赞的力度不够。

第三种，既有表情，也有手势，还看着对方说这句话，让听的人感觉到了对方发自内心的赞美。

在互动中，大家应该会明显感受到，当表情、手势、眼神都具备的时候，我们说话的声音都随之发生改变，会从平淡冷漠到热情洋溢。

同样的一句话，为什么运用不同的方式表达，能产生不同的效果呢？

在以上这个互动中，我们的表情、手势、眼神都属于态势语言。美国心理学家艾帕尔的研究表明：人的情感表达由三个方面组成，55% 的体态语 + 38% 声调 + 7% 文字。由此可见，态势语言在演讲中，对于人的情感调动起到很重要的作用。

我们可以在卓别林的默剧中发现，虽然他没有发出声音，但是通过夸张的表情、肢体动作等生动的演绎，能让观众看得懂其中的故事情节，感受到人物的情感变化。

语言分为两种，一种是有声语言，通过声音来传递信息；另一种是态势语言，是一种辅助性语言，通过体态、手势、表情、眼神等方式传递信息。

态势语言具体在演讲表达中有什么作用呢？

塑造演讲者自身形象。想象一下，如果演讲者只是呆板地站在舞台上，像个木桩，演讲内容没有结合态势语进行演绎，实际上演讲感染力会降低很多。

辅助有声语言。在互动中，当我们说对方很棒的时候，可能会不由自主地竖起大拇指，这样的辅助表达，能加强演讲内容的感染力。

加强语言信息的可信度。演讲中，如果演讲者呈现挺拔的站姿、有力的手势、坚定的眼神、自然的表情，将会增强听众对内容的信任感。

美国一个语言专家通过研究得出结论：人的感觉印象中，有 77% 来自眼睛，14% 来自耳朵，9% 来自其他感官。很显然，视觉印象在头脑中保持时间超过其他器官。态势语就是属于视觉信息，但是还有一个比较容易忽略的视觉语言，就是演讲时的着装，它也是视觉呈现的一部分，所以我们先从服饰语开始分享。

🎤 服饰语：人靠衣装，马靠鞍

有句话叫作"人靠衣装，马靠鞍"，得体的着装也能为演讲加分。这不仅是为了符合你的发言形象，更体现你对演讲的重视及场合的尊重。

在着装上，有个"TPO"原则，"TPO"是英文 Time、Place、Object 首字母缩写。T 代表时间、季节、时令、时代；P 代表地点、场合、职位；O 代表目的、对象。"TPO"原则是世界通行着装打扮的最基本原则，它要求人们的服饰应力求和谐，以和谐为美。着装要与时间、季节相吻合，符合时令；要与所处场合环境，与不同国家、区域、民族的不同习俗相吻合，符合着装人的身份；要根据不同的交往目的，交往对象选择服饰，给人留下良好的印象。

同样，在演讲中，根据"TPO"原则，要注意"四个"协调。

与演讲主题协调

根据演讲主题确定着装。很多企业都有自己的工作服，如果是在正式场合发言一般就是穿正装或工作服。但是如果遇到一些特殊的场合，比如今天是一个旗袍主题，主持人就要穿旗袍了；如果今天是一个运动风主题，主持人就要穿休闲运动的服饰，会更符合主题的气质。

与演讲场景协调

在某档节目中，当碧水队和蓝天队分别为某新款橱柜做现场推介时，由于现场的场景是一个厨房，碧水队队长以妈妈的角色和女儿对话，从而引导出售卖产品，她和女儿的着装都很生活化；而蓝天队则不然，两位主讲者都穿着正装，其中一位还笑称"我今天穿的是我当年结婚的西服"，以此表达对这场活动的重视。但是显然，正装和厨房这个场景是非常不符合的。所以，我们的着装要和场景协调。

与演讲听众协调

服装款式一定要与现场气氛和谐，与听众的装束相协调。

比如今天我到一家企业上课，学员都是"00 后"的年轻员工，那么我的职业装就不能过于沉闷，要选择职业中带着一点亲和感的颜色和款式。

与演讲者身份协调

穿着要符合自己的身份角色。比如我是一名讲师，那么要呈现给学员的第一印象，一定是要专业、稳重，能给人传递信任感，而不是不拘小节，邋里邋遢。

虽然不能过度关注一个人的外表而忽视了其内在的品质，但我们也要认识到：一个人的名字，是一个品牌；一个人的形象，更是一张名片。衣着得体、外表端庄是对他人的尊重，也是自我成熟的表现。

人与人之间，第一印象的产生，只需要 45 秒，而这 45 秒的印象，就来于外表，外在的衣着打扮可以体现一个人内在的素养。那 45 秒的印象，留存在脑子里的时间可能是永远。所以说，无论是在平时的生活还是工作中，我们一定要在第一时间给他人留下良好的印象。

此外，演讲时，服饰也可以成为一个"道具"。

曾经有位学员演讲时穿了一件优雅美丽的旗袍，在演讲开场，她引出这件旗袍其实是她 10 年前最喜欢的一件衣服，也代表了那段很美好的岁月，演讲也由此展开。

演讲时，固定的服装打扮能形成一种独有的标签。

乔布斯演讲时总是穿着他的代表性服装：黑色高领衫配上牛仔裤和球鞋。他说："我让三宅一生为我制作了一些我喜欢的黑色圆领羊毛衫，他们就做了一百件，这些够我穿一辈子了。"Facebook 的创办人扎克伯格的标配就是黑色休闲外套、灰色 T 恤、牛仔裤；香奈儿艺术总监卡尔·拉格菲永远是经典的白衬衫和黑西装，任何时候人们一想起他，都是这一身辨识度极高的着装。

所以，你也可以打造一个专属于你的服装搭配标签。

姿态语：让演讲更得体

姿态语，我们分为走姿、站姿。因为在演讲中能站就不建议大家坐着演讲，所以这个部分我们主要分享走姿和站姿。

走姿

演讲并不是从你站在舞台上才开始的，在你走向舞台的过程中，听众就开始关注你了，所以这个时候就要注意我们的言行举止。上场时，步伐一定要自信，不能迈小碎步，不能显得太慵懒，挺直身子，保持精神饱满。要记住：

> 从容不迫、落落大方、步伐自信。
>
> 不能松松垮垮，随随便便，弓背弯腰。
>
> 不能矫揉造作，扭捏作态，怪模怪样。
>
> 不能缺乏谨慎，匆匆忙忙，大步流星。
>
> 不能过于迟缓，拖拖拉拉，萎靡不振。

上台的位置我们要注意，一般从舞台侧面上下台，不要从舞台中间上，因为屁股对着听众上台，不雅观也不礼貌。

除了要注意登上舞台的走姿外，还要注意在舞台上的走姿。

大家要明白，所有在舞台上的走动都应该有一定的目的。漫无目的地走来走去，不仅毫无意义，还会把听众弄晕。

在舞台上走动有四种方式：

第一种，模仿某个场景。

比如，你在说"我从北京来到福州"时，可以从 A 点走到 B 点，而 AB 两点就分别代表了北京和福州。

第二种，根据故事的内容来走动。

假设你有三个观点或者三个故事，可以在台上挑选三个位置。比如，说到人生中的三次挑战，每一次讲完都可以走到另一处再做分享；或是根据故事发展的情节来走动，比如从背景到冲突到意外到结果等不同环节来适当走动。

第三种，根据角色的切换来走动。

比如，讲到三代人——爷爷、父亲、我，可以分别走到不同的位置进行表达。

第四种，根据时间轴来走动。

比如，讲述职场中不同时间点遇到不同的贵人时，可以更换不同的位置。不同点分别代表着故事的一个特定时间。

我们在分享的时候不一定是杵着不动，除非话筒已经被固定在某个位置上了。如果希望让演讲的效果更好，就要充分利用舞台的前后区域。比如，在表现你很害怕时，就可以往后退几步；总结观点提出结论的时候，你可以向前走几步，来到舞台中心。舞台上的走动是可以精心设计的，我们要充分利用整个舞台，但是注意走动不宜太过频繁。

站姿

1. 站立的位置

站立的位置分为两种情况，站在舞台的中间和舞台的侧面。

站在舞台中间。没有 PPT 展示，只有一个背景板，或者我们看到一些大型发布会的现场，因为屏幕很大，PPT 又是海报级别的设计风格，文字不多，所以 60% 的时间主讲者会站在中间，左右两边的时间各分配 20%，这样能照顾到全场的听众。

站在舞台侧面。如果今天我们使用的是投影布或者 LED 屏幕，在 PPT 信息较多的情况下，建议还是站在侧边的位置，方便下面的听众看清楚 PPT。这里有一个需要特别注意的事项：我们要避免站在投影仪投射的位置，否则你的"倩影"就会出现在后面的屏幕上，字也会出现在你身上。

在一次教育培训沙龙中，有位分享者穿着一身白色的职业装，站在舞台中间的时候投影仪的光刚好投射在她的身上，此时，尴尬的一幕出现了，屏幕上部分字印在了她的衣服上。这样既干扰了听众注意，又十分不美观。

另外，如果舞台上有主讲台，能不站在主讲台后面就不要站，最好走出来，让全身都能展现在听众面前，显得更加自信和落落大方。

2. 站姿的要求

对于演讲站姿的基本要求：站得正、站得直、立得稳、定得住。这样才能给听众呈现出自信、稳重、成熟的感觉。身体语言传达的是一种气势，在人们的观念中，低头、弯腰等向下的姿势是软弱的象征，即便你有强大的实力，如果总是低着头走路，在别人看来你就是一个弱者。

但是很多人在站姿中会出现很多问题，比如：重心在一条腿上，另一条腿随意地往前伸；抖腿、左右前后摇晃。针对这些情况，有个改善小诀窍，站立的时候，小腿绷紧，感觉脚在抓着地面，这样不仅站得正，也站得很稳。那么，男士和女士分别可以有怎样的站姿呢？

男士的站姿

第一种，双腿并拢立直，两脚跟靠紧，脚尖分开呈 60 度。

第二种，双脚可分开，但不能超过肩宽。因为如果双脚分太开，会让人觉得傲慢无礼。

我更推荐第二种站姿。

女士的站姿

第一种，丁字步。左脚在前，右脚在后，左脚靠在右脚的脚窝处，角度呈 45 度。

第二种，双脚后跟并拢，角度呈 45 度。

第三种，双脚自然分开，窄于肩膀。

我比较推荐后面两种站姿。此外，在站姿上要避免：两腿交叉站立、弯腰驼背、左右晃动、踮脚尖、来回走动、身体歪斜、身体抖动等。

图 8-1　站姿

🎤 手势语：让演讲更有张力

手势语在态势语当中是一个重点也是难点，在手势方面很多人有这些困惑：不知道如何做手势，手无处安放，常出现插口袋、背在身后、双手握话筒、手势拘谨、手势使用混乱等情况。

那么什么是手势语？手势语就是通过手指、手掌、拳头、手臂的动作变化来说服和感染观众。

手势语的活动范围

● 上区：肩部以上。大多用来表示积极的、宏大的、号召的内容和情感。

● 中区：肩部至腰。这是使用手势最多的区域。大多用来表示一般的叙事、讲解和说明。

● 下区：腰部以下。这一区域的手势用来表达演讲者认为不悦的、令人憎恶的感情。

图 8-2　手势语的活动范围

手势要领——切

在手势中，要掌握一个很重要的要领——切。如何"切"好呢？四招要领要记牢：

手臂抬于腋下一拳。

手腕硬，不做小动作。

手势向上，刀根发力。

四指并拢，拇指伸直。

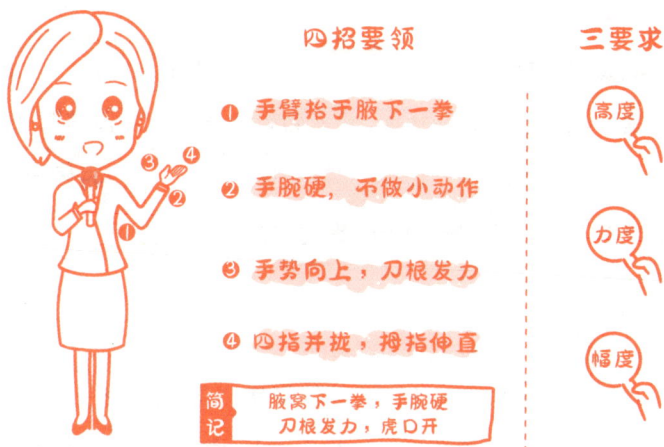

图 8-3 手势要领四招"切"

简单来记就是：腋窝下一拳、手腕硬、刀根发力、虎口开。

实际上，这就是对于手势的三要求：高度、力度、幅度。

手势分类

手势动作分类包括五种：

1. 情绪性手势

表达演讲者喜、怒、哀、乐的手势。高兴时拍手称快；悲痛时捶打胸脯；愤怒时挥舞拳头；悔恨时敲打前额；急躁时双手相搓；等等。

2. 指示性手势

主要用于指示具体人物、事物，分为实指和虚指，实指就是人或事物都在现场，比如，"下面有请林总上台致辞"。虚指是人或事物不在现场，比如，"蓝天白云"。指示的时候四指并拢拇指分开，把手掌伸向人或事物的方向。

3. 象形性手势

主要用于模拟演讲中人或物的形状、高度、体积、动作等，给听众以生动、明确的形象。这个手势类别特别要"敲黑板"，因为演讲从字面上来说，不仅要会讲，还要会演，所以这个手势属于模仿性手势，一定要巧妙地与演讲内容进行结合使用，这样会让演讲感染力大大增强。

抱篮球　　　　　　　打电话

图 8-4　象形性手势

4. 象征性手势

有一定象征意义的手势，比如竖起大拇指，代表很棒；竖起 V 型手势，代表胜利；等等。但要注意的是，象征性手势在不同的国家和民族有着不同的含义。

图 8-5　象征性手势

5. 逻辑性手势

这种手势体现逻辑性，说明数字时，我们的手要在上区，指肚朝着听众，要竖直。视觉的呈现和语言相互配合，更容易引导听众的思路。

图 8-6　逻辑性手势

手势的注意事项

● 场面大，手势大，大场面需要手势打开得更大，显得更加有气场，反之，场面小，则适中即可。

● 忌五指分开，忌用手指指向听众，单只手指可以指天指地，指自己，绝对不能指其他人，否则，会让人觉得无礼。

● 忌做手势时中途犹豫，欲做欲不做，这会显得演讲者优柔寡断。

● 宜精不宜多，手势不要太过复杂；不宜太快，让人眼花缭乱；和语言要同步协调，不能太快或太慢；手势要有所变化，不能过于单一。

● 忌双手背于身后、两臂交叉抱胸、双手或单手叉腰、双手或单手插入衣袋或裤袋中；忌小动作偏多，如：挠痒痒、抠鼻子、揉眼睛、抓耳挠腮、摆弄衣角纽扣、乱动话筒、反复用手摸头发。

　　在手势动作上大家要注意，如果特别需要抒发情感或者强调内容，手势可以有所设计，但是不能过于刻意和机械化。自然的演讲动作是源于你内心有感而发，有时候瞬间爆发出来的动作反而会更有价值，更能给你带来惊喜。

话筒的正确使用

在做手势时，有些场合，尤其是大型场合，会需要使用到一个演讲道具——话筒。使用话筒时，我们需要注意两点。

1. 试话筒

在演讲前要确定话筒是否已经开启。确认时，可以用食指轻敲话筒头测试是否有声音发出，或者观察话筒手柄上的小液晶屏是否已开启，不要吹话筒、用力拍话筒、"喂喂"个不停。

2. 握话筒

不要两手握着话筒，这样会显得演讲者很紧张。正确的拿法是握在话筒下方的三分之二处；话筒不要挡脸、不要贴在嘴巴上；拿话筒时，话筒可以与身子倾斜 45 度，话筒距离嘴巴 3～5 厘米，有的人拿话筒过低，以至于声音没有办法很好地传递出去；根据声音大小，可以适当调整嘴巴与话筒之间的距离；讲话时，话筒随着嘴巴动，拿着话筒的时候，嘴巴不能偏离话筒。

🎤 表情语：让情感表达更细腻

表情语包含两个方面，一个是表情，一个是眼神。

表情

> 　　多年前我参加了一场活动，主持人是一个播音主持专业的毕业生，所以主持能力毋庸置疑，但是却有个小瑕疵：口中说着感谢欢迎之词的他，脸上却带着冷若冰霜的表情。

　　表情是从面部的变化上来反映心理活动和思想感情。我们在演讲中，传递的感情是不同的，除非是特殊的场合，否则如果从头到尾都是板着脸说话，一方面，会让人对你表达的内容产生疑惑，甚至曲解；另一方面，听众也会逐渐对你的演讲失去兴趣。而上述例子中这位主持人出现和语言不相符的表情则令人感到其缺乏真诚。

　　所以，表情要和所表达的内容相匹配。下面我们来尝试用不同的情绪说以下的内容。注意，很多人会觉得喜和乐的情绪很相似，其实乐的兴奋程度要更高。

喜：演讲比赛我拿到第一名了！

怒：你太过分了！

哀：我失恋了。

乐：我今天终于升职了！

惊：你竟然是我领导？！

忧：我担心明天会下雨。

恐：你脚下有条蛇！

大家有没有发现，训练中因为我们要做出相应的表情，不同的表情有着不同的情绪，不同的情绪让声音也发生了变化。

在表情管理中，我们要注意与演讲内容吻合，不因紧张而走样、避免过分严肃、表情不呆板、放松且真诚。一般的演讲场合，都可以保持微笑，尤其是刚上台时，我们要拉近与听众的距离，更要展示微笑。

✍ 表情小练习

第一步，架好手机，调到视频拍摄，镜头对准自己。

第二步，根据以下 10 个词语做出相应的表情，当然你还可以添加更多表情来演绎。

①喜悦　②严肃　③气愤　④吃惊　⑤得意

⑥痛苦　⑦难过　⑧惧怕　⑨失望　⑩怀疑

第三步，把视频发给你的家人或朋友，告诉他们你正在做"表情"的练习，请他们猜一猜通过表情，你想表达的情绪是什么。他们回答的准确率越高，说明你的表情做得越到位。

眼神

我们常说"眼睛是心灵的窗户"，通过眼睛能表达丰富的思想感情。有一个成语叫"眉目传神"，可以得知眼神交流是最传神的非语言交流。

在演讲和人际沟通中，眼神有哪些具体的作用呢？

1. 眼神的力量

展现自信

由于演讲时过于紧张，很多分享者眼睛看天看地看墙壁，四处游离、躲闪，不敢看台下的听众，显得非常不自信。

尊重人

大家一定有这样的体会，一群人在交流时，如果别人和你对话，没有看你，会给人一种目中无人的感觉，这也是不太礼貌的行为，对人是不尊重的。

建立亲和力

我们说"伸手不打笑脸人"，微笑能拉近与听众的距离，同样，眼神也能表现出亲和力。

吸引人

上台时，我们要做到三定：站定、笑定、眼定。

站定，是指要站稳之后再开始演讲，不要还没站稳在摇晃中就开始分享，显得不稳重。

笑定，就是要面带笑容，拉近与听众的距离。

眼定，指的是在大型演讲场合，上台时，需要环视 3 秒后再开口，一方面吸引下面听众的目光聚集在你的身上；另一方面给听众一种沉稳的感觉，同时也能调整好气息。

提醒人

在演讲过程中，若现场出现局部骚乱等情况，比如交头接耳、窃窃私语等，可以目光注视这些听众，使其领会，提醒他们注意听讲。这样，眼神便代替了语言呼唤，起到了控场作用，而且照顾到了听众的面子。

激励人

如果在分享中，有人和你踊跃互动，你在这个过程中又不断给这个听众更多的关注，对他来说是一种很大的激励，相当于强化了这种积极的行为。

2. 眼神互动的方法

在演讲中如何与听众进行眼神的交流呢？要遵循一个原则：眼神互动要覆盖全场。

直视（点视）

这种眼神的交流方式会让观众感觉受到关注和尊重。在演讲中保持与听众目光交流的好处在于，眼睛在演讲过程中，既能输出信息，又能接收信息。演讲者在运用目光传递信息的同时，也通过目光察言观色，接受听众的信息反馈，你可以及时了解听众是否理解你的演讲内容。

另外，还能鼓励听众注意你的演讲，促进聆听与互动。

我们在与观众直视或者点视中，对一个听众停留的时间是在 3 ～ 5 秒，时间过长会冷落了其他的听众，让其他听众放弃对你演讲的关注和兴趣，而被注视者也会感到局促不安。

环视

演讲中，我们都需要运用到环视。演讲者有节奏地把视线从听众的左方扫到右方、从右方扫到左方，从前排扫到后排或从后排扫到前排。特别要注意，如果中间是重要的领导嘉宾和评委席，在眼神互动上要有更多的关注。

巡视

巡视就是边走边说，同时和听众进行眼神互动交流，这样听众可以跟随着分享者的思路。而分享者适当走动，也能拉近与听众的距离。

> 有一次，我给一家国企培训，会场的舞台很大，距离学员很远，不利于有效交流，所以我选择站在台下的位置授课。过程中，我也适当地走到会场中间与学员进行互动。在事后的培训效果反馈中，有位学员写道：汤老师还专门走到我们组来互动，让我觉得很有亲和力。

虚视

这种眼神的交流方式适合在大型场合，对听众似看非看，因为人太多，也很难看到具体的面孔，演讲者可以按照方位来看，在左上角、右上角、左下角、右下角分别找一个点来看，眼神交流一定要覆盖全场。

无论使用哪种眼神，都是为了表达一定的思想内容和情感，绝不可漫无目的地故弄玄虚。眼神要和有声语言以及其他体态动作密切结合，协调一致，才能给演讲带来更大的效果。孤立的眼神会显得单调无力，不能充分实现传神达意的作用。

3. 眼神三字诀

在眼神的交流中大家一定要注意三个字"正、定、亮"。

"正"指的是不斜视、不翻白眼。

"定"指的是不飘忽不定、不频繁眨眼。

"亮"指的是不冷峻严厉、不呆视，要有神采。眼神交流不仅是信息的传递，更是情感的交流。

4. 眼神交流的两个坑

在眼神的交流中，往往很多人会掉落到两个"坑"中。

PPT 照本宣科

阿卡什·卡利亚在《打动人心的演讲：如何设计 TED 水准的演讲 PPT 》一书中写过一段话："在 TED 演讲舞台上，演讲效果好的演讲者是在利用幻灯片帮助观众而不是自己，他们不会把幻灯片当作拐杖来依靠，也不会把幻灯片当作放大的提示器来帮助他们记住演讲内容。"

我在辅导学员 PPT 演讲时，经常会发现很多人把大段的文字进行 word 搬家，导致 PPT 上的文字很多，密密麻麻的，这一方面是因为学员并不太了解 PPT 的制作技巧；另一方面是学员生怕自己会忘词。

这种 PPT 不仅不美观，而且会让演讲者形成照本宣科的演讲风格。如果一字一句地把 PPT 上面的字读出来，也许听众会想，你直接把 PPT 给我就好了，我为什么还要浪费时间听你讲呢？而照本宣科的你，身体也会不自觉地转向屏幕，背对听众，这样会严重影响你和听众的眼神交流，既不尊重听众，也表现出对演讲内容的不熟悉。

所以，一定要记住，演讲中分享者才是主角，PPT 起到的是锦上添花的辅助作用。

低头念稿

和 PPT 照本宣科一样，低头念稿同样严重影响演讲者与听众的眼神交流。

我记得有一次参加一个活动，前面几位分享者都是拿着稿子正儿八经地站在主讲台进行读稿演讲，活动进行到一半的时候，台下很多人注意力开始不集中，甚至有人低头玩起了手机。后来有一位演讲者自信地走上台，他没有选择站在主讲台前，而是走到舞台中间，并且全程脱稿、声情并茂进行演讲，与此前的演讲者形成了鲜明对比，瞬间吸引了台下很多听众的关注。

眼神交流是增强演讲感染力的重要因素，通过眼神可以让听众感受到演讲者的真诚，同时演讲者可以通过眼神接收听众的信息，了解听众的反应，及时做出调整。

第九章

声音法则

—— 先声夺人　修炼声音感染力

心理学家认为，声音决定了你 38% 的第一印象，是你递给别人的一张听觉名片。当人们看不到你的人时，你声音的音质、音调、语速的变化和表达能力决定了你说话可信度的 85%。这一章将与你分享声音感染力技巧。

多年前，一位波兰女演员与丈夫来到英国，几位朋友请他们夫妇吃饭。饭前，大家希望女演员能表演一段节目，正在看菜单的女演员说："我没带剧本，但我可以用波兰语朗诵一段台词。"说完，她声情并茂地朗诵起来，虽然大家都不懂波兰语，但都被她的朗诵感动得流下了泪水。女演员的丈夫先假装面无表情，后来竟忍不住放声大笑起来。大家十分诧异，他笑着告诉大家："她刚才朗诵的只是手上的菜单啊！"

声音的魅力竟然如此之大，哪怕大家语言不通，文字内容普通，但因为声音有情感，同样能够感染到现场的听众。

心理学家认为，声音决定了你给他人 38% 的第一印象，也是递给别人的一张听觉名片，当人们看不到你的人时，你声音的音质、音调、语速和表达能力决定了你说话可信度的85% 。你的声音也可以透露出你的性格特质和心理活动。

我们都曾被好听的声音打动过，也都被不好听的声音打扰过。而在演说上，声音平淡，会让分享黯然失色；富有感染力的声音，会让分享色彩缤纷。所以那位波兰女演员凭借着复杂多变的语调变化，就能让听众感动流泪。

好听的声音有什么特点？我总结为以下四点：

清晰度——吐字清晰，圆润饱满。

力度——音量适中，铿锵有力。

温度——感情饱满，声情并茂。

起伏度——抑扬顿挫，轻重缓急。

如何在演讲中让自己的声音富有感染力呢？分享四个重要的技巧。

🎤 掌控停顿：富有层次彰显节奏

先玩一个小互动：

> 一天，一个穷秀才到朋友家做客，主人嫌他穷，不想留他过夜，但又不好开口，恰好这时下起了雨，主人便在纸上写了"下雨天留客天留我不留"这样一句话，没有加标点符号。穷秀才看后，拿起笔给这句话加上标点，主人一看，只好留下他了。大家思考一下，这句话站在主客两人不同角度，怎样加标点才能表达他们各自的想法呢？

正确答案是：

> 主人：下雨天留客，天留，我不留。
>
> 秀才：下雨天，留客天，留我不？留！

中国的文字博大精深，实际上标点符号在不同位置的停顿也会产生不同的意思。而停顿也像国画中的留白，给人留下想象的空间。

停顿的作用

停顿的作用有很多，可以总结为以下四点。

1. 集中注意力

为什么航标灯总是一闪一闪的，明灭有间，是为了节省电力吗？其实这种闪烁的方式，比无间隙的长明灯，更能刺激夜航者的注意。试想一下，开会时，老板说着说着，突然停下来，这个时候是不是有一种"此时无声胜有声"的感觉，似乎老板马上要放大招说重点了。

2. 留出思考时间

一方面，主要是给听众留出思考时间，如果毫无停顿，会让听众跟不上你的节奏，尤其是分享重难点需要消化的信息时；另一方面，能够让分享者有思考的时间，很多人在台上容易忘词，有一点是因为脑子跟不上嘴巴，嘴巴迫不及待开口，但是脑子的信息还没来得及传递给嘴巴，于是造成了忘词、脑袋空白，所以我们要不慌不忙，善于利用停顿给自己争取时间。

3. "赶走"口头禅

很多人站在台上演讲时，一方面因为紧张，另一方面因为习惯，经常会冒出口头禅。高频出现的口头禅有"呃""嗯""然后""啊""那""就是"等词，在一场演讲中，频繁出现口头禅，会让语言显得啰唆，既折磨听众，也破坏自身形象，让别人觉得你不自信、不专业、对内容不熟悉等，严重干扰信息的传递，从而影响演讲的说服力。

如果善用停顿，就能有效"赶走"口头禅。

在私教辅导中，面对第一次来上课的学员我都会录制一段训前演讲视频，方便上完课后进行培训效果对照。

曾经有位学员在录制对照视频后，我们准备一起回看时，我问她："你知道自己刚才的演讲口头禅有多少吗？"她说最多只有 10 次吧。没想到，5 分钟的演讲，她的口头禅"那"就达 30 多次，这个结果令她震惊不已。

后来，我给她分享了一个快速有效的方法：再想说口头禅时，就用停顿替换有声的口头禅。因此，在最后一次录制训练视频时，同样是即兴演讲，她只出现了 1 次口头禅。

除了通过停顿改善口头禅外，我们还可以通过以下两点来避免。

充分准备内容

梳理清楚思路，反复预演甚至彩排，直至对演讲内容足够熟悉。

多积累素材

一般是因为词穷，说话出现空隙，才会用口头禅来填充，所以，平时要多积累素材，增加词汇量，让自己心中有墨水。

4. 增强语言节奏感

停顿使语句结构清楚、语意鲜明，能增强语言的节奏感，凸显语言的清晰度和表现力。

停顿的分类

1. 结构（语法）停顿

一篇演讲稿是由段落组成的，段落是由每句话组成的，每句话又是由每个词组成的，每个词又是由每个字组成的。在语法结构中，段落的停顿大于句子，所以，句号、问号、叹号＞分号、冒号＞逗号＞顿号。

我曾有位学员，他要参加经验分享交流大会，作为优秀管理者代表之一，他需要面对众多领导，分享他部门的优秀经验。但是他有个很大的问题，那就是语速特别快，而且已经形成了根深蒂固的习惯，一时很难改变，眼看活动时间就要临近了，他匆忙找到我。

我当时把他的稿子打印出来，一方面和他说，在段与段之间刻意停顿 3 秒，句与句之间停顿 2 秒，逗号之间就停顿 1 秒；另一方面，我们同时读稿子，让他感受一下我停顿的位置。就这样，一遍遍地训练，他的语速终于放缓了，讲话的层次也鲜明了，最终他的发言得到现场领导的大加赞赏。没过多久，他们的先进工作经验还被当地新闻频道采访，他面对镜头接受采访时语速同样也不再那么快了。

其实，我对这位学员的辅导就是采用了结构（语法）停顿的方法。

2. 感情停顿

感情停顿是指为了突出某种感情而做出的停顿。

试着读一下这句话,在斜杠的地方停顿久一点。

你丢下自己的小孙孙,把伤员背进防空洞,而当你再回去抢救小孙孙的时候,/ 房子已经平了。

感情停顿的位置是根据情感出发,比如上面这个例子,从语法结构上来说,逗号不需要停顿太久,但是作为一件悲伤的事情,要表现出不忍说出来事实,就不能快速脱口而出。

3. 逻辑停顿

为了强调某一特殊的意思或某种逻辑关系所做的停顿。

下面两句话,哪一句停顿是正确的?

新疆代表团长 / 途跋涉来到北京。

新疆代表团 / 长途跋涉来到北京。

很明显是第二句。但是大家有没有想过,有的人没有亲自参与写稿,并不熟悉稿件内容,如果在上台前都没有练习过,假设"新疆代表团长"这行字在页面最右下角,翻到后一页读

"途跋涉来到北京"，是不是就会闹出笑话了，所以稿子一定要亲自写。

4. 强调停顿

指的是需要强调的地方要刻意停顿，乔布斯就是这方面的高手。

> "今天，我们将向大家推出第三类笔记本电脑。"2008 年 1 月，乔布斯在 Macworld 大会上对观众说道。在介绍之前，他停顿了一下，接着他说："它就是所谓的 Macbook Air 系列。"他又停顿了一下，才抛出了震惊全场的标题性口号——"它是世界上最薄的笔记本电脑"。

就这样，现场氛围不断被乔布斯推向高潮，他的重点是向听众传达最后一句话：它是世界上最薄的笔记本电脑。

5. 生理停顿

在演讲到长句时，要在合适的地方顿一顿，换一口气。比如下面这句话，如果不停顿，会感觉气都快喘不上来了。

儿童教育真正的专家／是那些父母。他们卓有成效的实践经验／和见仁见智的看法／对那些在与孩子交流中感到力不从心／总抱怨孩子不听话的父母／将大有启发。

有时候稿子没办法自己写的情况下，句子太长，一定要记得画上斜杠提示自己停顿的位置。但是从写稿方面，建议大家多写短句，短句不仅好记，也更有力量。我曾经辅导过一位学员，她向我反馈过一个问题，不管死记硬背还是用方法巧记，总是记不住稿子的内容，于是我看了一下她的演讲稿，发现句子都特别长，就让她试一试把句子尽量改成短句再熟记一下，没想到她很快就记住了。

掌控重音：清晰有力传递观点

重音是为了表情达意的需要，强调和突出词或短语，甚至某个音节。所以，重音如何读呢？常规的做法就是在需要强调的词语上加大音量。

"我相信你愿意学好。"这句话在不同的位置重音，强调的意思也不同。

我相信你愿意学好。（说明他不信，我信）

我相信你愿意学好。（说明我没有怀疑过你）

我相信你愿意学好。（说明别人我可不敢说）

我相信你愿意学好。（说明是自愿，不是被迫）

我相信你愿意学好。（说明你明白是非，不愿学坏）

　　下面来做一道连线题，用左边标好重音的位置，在右边找到相应表达的意思。

我打算这个春天买房子。　　我说的是这个春天，而不是明年的春天。

我打算这个春天买房子。　　我说的是买，而不是租。

我打算这个春天买房子。　　我说的是打算，还并未真正确定是否要买。

我打算这个春天买房子。　　我说的是房子，而不是车子。

我打算这个春天买房子。　　我说的是春天买房子，而不是秋天或冬天。

我打算这个春天买房子。　　指的是我自己，而不是其他人。

我们来看下正确答案，你都连对了吗？

我打算这个春天买房子。 我说的是这个春天，而不是明年的春天。

我打算这个春天买房子。 我说的是买，而不是租。

我打算这个春天买房子。 我说的是打算，还并未真正确定是否要买。

我打算这个春天买房子。 我说的是房子，而不是车子。

我打算这个春天买房子。 我说的是春天买房子，而不是秋天或冬天。

我打算这个春天买房子。 指的是我自己，而不是其他人。

　　不同位置的重音，强调的意思也不同。所以在工作中，比如年终汇报，一些"提高""增强""掌控"等积极的词语，以及重要数据等方面都需要重音处理，以此凸显需要重点传达的信息。

掌控语速：快慢有序打造气场

　　在声音中有三种不同的语速：快速（每分钟 200 字以上），一般用来表达紧张、鼓动、愤恨、诡辩、责问等情感内容；中速（每分钟 180～200 字），常用作平静的叙述、客观的介绍等情感内容；慢速（每分钟 100 字左右），常用来表达沉思、哀痛、失望等情感内容。

在演讲中，不可能只使用一种语速表达内容，三种速度需要进行巧妙切换使用。而在演讲中语速会受这些因素决定。

● 不同的场面、情感、内容。比如婚礼现场，表达的情感是喜悦的，内容是欢乐的，所以语速会偏快。

● 不同的听众年龄。如果面对的听众是老年人，语速要放慢，因为老年人的听力不是很好。

● 不同的人物性格。在第四章中有提到过，故事演绎中的声音模仿很重要，性格不同的人物，说话的语速是不同的，一般急躁的人语速会过快，温和的人语速偏慢。

掌控语调：跌宕起伏渲染情感

很多人在演讲时缺乏声音的变化，全程就像一条直线，演讲时间一长，容易让听众犯困、走神。所以，说话声音的起伏很关键。

　　说话要做到有起伏，就要运用好语调，语调的音调也叫音高，是指声音的高和低，包括声音的抑扬、升降和起伏等。有高有低、有升有降的声音变化，让语言在抑扬顿挫中体现出不一样的情感。

　　根据语气和感情态度的不同，语调可以分为四种类型：升调、降调、平调、曲折调。

升调↗

　　这种语调前低后高，句子的语势逐渐由低升高，音高的最高点靠近句尾，也叫高升调。一般用在表示疑问、反问、惊异、号召、呼唤、命令的句子里。

　　例如：

> 　　我想送给我们在场的嘉宾一句话，也是我多年来的一个座右铭：苦练七十二变，笑对八十一难！

降调↘

　　这种语调前高后低，句子的语势先高后低，逐渐下降，音高的最高点靠近句首。一般用在表示感叹、肯定、自信、允许、请求、祝愿的句子里。

例如：

> 盼望着，盼望着，东风来了，春天的脚步近了。

平调→

这种语调的整个句子语势平缓，没有明显的高低升降变化。一般用在表示严肃、庄重、沉吟、冷淡和叙述、说明的句子里。

例如：

> 3 月 14 日下午两点，当代最伟大的思想家停止思想了。

曲折调↗↘

全句语调弯曲，或先升后降，或先降后升，往往把句子中需要突出的部分加重、拖长并造成曲折，这种语调经常用来表达夸张、讽刺、厌恶、怀疑等情感内容。

例如：

> 你学得好，比谁都学得好。

中国播音学泰斗张颂先生曾说："语调的丰富多彩，决定了它的声音形式——语调的千变万化。如果硬要把丰富多彩的语气纳入某种简单、磕绊的语调公式之中，那就无异于削足适履。"

稿件是固定的，但人的情感是鲜活而生动的。能打动人心的，永远是发自肺腑的"真情"，而不是矫揉造作的"矫情"。所以在语调练习的过程中，要注意"以情带声"，用自己内心最真诚的情感去协调和控制语调的抑扬顿挫，让真情从语调中流露出来，自然而然地打动听众。

下面我们用不同的语气读读以下相应的内容。

- 用表示藐视的语气：你也配是这个公司的人？
- 用表示高兴的语气：你也在这里，真是太好了。
- 用表示愤怒的语气：你给这个公司抹黑了！
- 用表示失望的语气：要是你在这个公司就好了。
- 用表示怀疑的语气：你是不是这个公司的？
- 用表示满不在乎的语气：你是不是都无所谓了。
- 用表示惊讶的语气：你竟然是这个公司的！

通常情况下，我们在演讲中如果有这些内容，很多人会用平淡的语气来表达，但是在练习上会发现，因为对这句话有了语气上的要求，所以能做到语调的起伏。

　　刚才是不同语气读不同的内容，下面试一试，能否使用开心的、愤怒的、讽刺的，三种不同的语气说"祝贺你！"这三个字。

　　如何让自己的声音富有情感呢？其实还有一个很好的方法，就是给分享的内容配上背景音乐，这能帮助你调动在分享中的情感投入。比如，在上课练习时，海子的《面朝大海，春暖花开》，我会选择两首不同风格的音乐做背景，一首是忧伤风格的《夜的钢琴曲》，另一首是欢快风格的《菊次郎的夏天》，然后邀请两位学员上台朗读。在不同背景音乐下，相同的内容能朗读出不同的味道。

　　你也快来试试吧！

附：《面朝大海，春暖花开》

从明天起，做一个幸福的人

喂马，劈柴，周游世界

从明天起，关心粮食和蔬菜

我有一所房子，面朝大海，春暖花开

从明天起，和每一个亲人通信

告诉他们我的幸福

那幸福的闪电告诉我的

我将告诉每一个人

给每一条河每一座山取一个温暖的名字

陌生人，我也为你祝福

愿你有一个灿烂的前程

愿你有情人终成眷属

愿你在尘世获得幸福

我只愿面朝大海，春暖花开

最后提供给大家几个小贴士。

小贴士 ▶ ▶ ▶

如何控制语速？

录制一段 3～5 分钟的即兴演讲。

做标记。在语速过快或过慢的位置标记号；标注出正确的语速，以此来提醒自己。

如何去除口头禅？

进行即兴演讲，并录制下来。

聆听录音，记录口头禅出现的内容和次数，采用停顿或者慢说进行改善。

隔几天后，再次进行录音分析，查看口头禅出现的次数。

最后，特别说一下，真正想要修炼好声音，一方面，大家可以学习一下科学发声，这样不仅能美化我们的嗓音，也能保护声带免受伤害；另一方面，练就一口标准的普通话，不仅能更加准确地传达信息，也让分享更专业、更富有气质。

第十章

场景法则
——即学即用 常见演讲场景应对技巧

本章从实际场景出发，专门选出常用的五大演讲场景：自我介绍、岗位竞聘、年终总结、获奖感言、招商路演。在这一章中，分享的方法有具体步骤且操作性强，当你需要的时候，能快速拿来运用，做到从容应对。

生活处处有演讲，每一次的当众表达，都是一次打造个人品牌、提升影响力、赢得竞争力的机会，这一章为大家分享常见的五种场景演讲技巧，分别是自我介绍、岗位竞聘、年终总结、获奖感言、招商路演。

印象深刻：自我介绍的方法技巧

2014 年，我参加过一个总裁培训班，现场有将近 100 人，座位是分组的形式，早上开场时老师让每个人在组内做自我介绍，我们这组 11 个人轮流完成后，老师说，"刚才组里哪位同学给你印象最深，现在请将大拇指指向那位同学"，没想到我们这组的成员不约而同都指向了我。老师接着说，"这个被选中的人就是你们的组长"，就这样，我获得一次站在台上向全场人介绍自己的机会。没想到中午吃饭时，竟然有位企业负责人向我抛来橄榄枝，邀请我加入他们公司的团队，虽然最后婉言谢绝，但是从中可以看出，通过演讲，我们可以扩大影响力，让人生拥有更多的机会。

看到这里，你们可能会好奇，我当时的自我介绍为什么能赢得全组人的一致投票，在这里我先留个悬念，在后面的技巧分享中会揭晓答案。

在很多场合，我们都需要做自我介绍，比如面试、业务推介、社交聚会等。一个良好的自我介绍，不仅能让别人更快地认识你，而且能够加深别人对你的印象，赢得他人好感，为进一步的交流打下基础。自我介绍看起来很简单，但是要做到脱颖而出、有亮点，则需要花点心思。而我们经常会在自我介绍上出现四大问题。

自我介绍常见的四大问题

1. 毫无印象

我在上自我介绍这堂课的时候，会进行一个对比互动，在分享技巧前，先让现场的每位学员做一个 1 分钟的自我介绍，介绍后，会提一个问题：大家觉得哪位伙伴的自我介绍给你留下了比较深的印象？基本上要么鸦雀无声，要么寥寥无几，因为很多人在做自我介绍时，平平淡淡，毫无记忆点，难以给听众留下深刻的印象。

通过技巧学习后，我又重新让大家用新方法把自我介绍进行包装，亮点多了，印象深了，实现了从"毛坯房"到"精装房"的巨大改变。

2. 与听众无关

第二章中我有分享过，演讲前要了解听众。对于任何场景的分享都是如此，比如，我对外以演讲教练的身份培训时，自我介绍突出的是在演讲领域的积累和优势；如果是以创业者的身份做自我介绍，就更倾向于创业的经历上。因为听众和场合不同了，你要知道听众想听的是什么、感兴趣和关注点在哪里。

3. 听不出厉害之处

每个人都有自己的特长和优势，甚至是特别的标签，但是很多人在做自我介绍时，往往不太擅长把自己的能力进行提炼和充分展示，所以没有闪光点的介绍，容易淹没在人群中。

4. 感受不到价值

自我介绍要以听众需求为出发点，当你自我介绍结束后，是否会让他人产生添加你微信的冲动呢？人与人的互动本质有时候在于价值的交换，但是很多人在自我介绍时，忽略了价值的呈现，以至于错过很多扩展人脉的机会。

自我介绍的类型

自我介绍有哪些类型呢？我分为以下五种。

1. 应酬式

适用于某些公共场合和一般性的社交场合，这种自我介绍最为简洁，往往只包括姓名一项即可。

"你好，我叫汤金燕。"

2. 工作式

适用于工作场合，它包括本人姓名、供职单位及其部门、职务或从事的具体工作等。

"你好，我叫汤金燕，是勇敢说口才培训中心的创始人。"

3. 礼仪式

适用于讲座、报告、演出、庆典、仪式等一些正规而隆重的场合。包括姓名、单位、职务等，同时还应加入一些适当的谦辞、敬辞。

"各位来宾，大家好！我叫汤金燕，我是勇敢说口才培训中心的创始人。我谨代表机构对于大家的到来表示热烈的欢迎……"

4. 问答式

适用于应试、应聘和公务交往。问答式的自我介绍，应该是有问必答，问什么就答什么。

> "女士，您好！请问您怎么称呼？（请问您贵姓？）"
>
> "您好！我叫汤金燕。"

5. 交流式

交流式的自我介绍适用于社交场合中，这也是我们后面要重点探讨的场景。

如何做一个精彩的自我介绍，给别人留下深刻的印象，快速脱颖而出呢？这里和大家分享一个非常实用的技巧——MTV 法则。

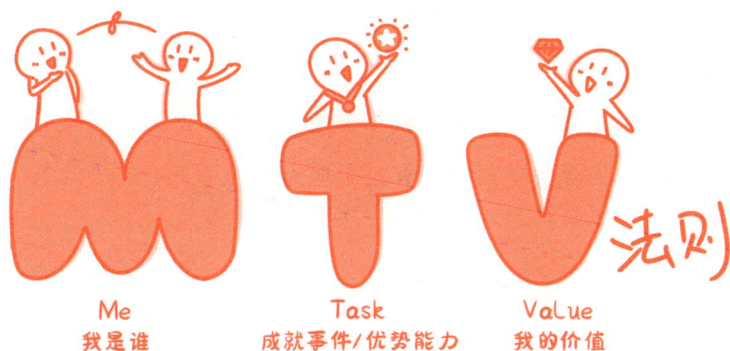

图 10-1 MTV 法则

MTV 自我介绍法

1. M—Me

告诉听众你是谁，这是建立联结的第一步，这个部分我们要告知姓名、职业信息。关于名字可以怎么设计亮点呢？

一句话名字解释法

我们有位学员叫"黄书奋"，他对自己的名字介绍就是"读书很勤奋"，这句话一说出来马上就让人记住他的名字了。

比如：

大家好，我是李会光，我相信是金子就会发光。

大家好，我是楚玉兰，青出于蓝而胜于（玉）蓝（兰）。

还可以把名字和工作联系在一起。

大家好，我叫姜芳，将（姜）财务交给我，将放（芳）心带回家，我是某某财务公司创始人姜芳。

赋予名字故事

比如：

大家好，我叫"徐红霞"，我曾经问过我父母为什么给我起一个这么土的名字，爸爸说道："当年你出生的时候，我在赶去医院的路上，经过一个军营，里面传来了一阵歌声：日落西山红霞飞，战士打靶把营归……，所以，你的名字取自前半句歌词里的'红霞'，你要庆幸我没有给你起'徐打靶'。"在一片笑声中，大家轻松记住了她的名字，这就是给名字赋予了故事。

和名人的名字挂钩

比如:

> 大家好,我叫刘德荣,是刘德华的弟弟,这当然是个玩笑。

再比如秦珅,这个名字,可以这样介绍:

> 我叫秦珅,秦是秦桧的秦,珅是和珅的珅,虽然这两位都是大奸臣,但我其实是个大好人。心地善良,有情有义,既和秦桧无缘,也与和珅不沾边,希望大家记住我,也请相信我,一个大好人:秦珅。

谐音法

比如:

> 我叫邢芸,芸是芸芸众生的芸。我告诉大家一个秘密,你们要经常喊我的名字,你们就会得到好运。因为我的名字的谐音就是:幸运!请大家记住我,我会带给你们幸运的!

再比如刘学，这个名字，可以这样介绍：

> 大家好，我叫刘学，刘是刘少奇的刘，学是学习的学。我叫刘学，但从小学到大学，我并没有留过级，而后来，我确实去美国留学了半年，现在可谓名副其实啊！

与古诗词产生联系

这种介绍法会显得比较有文化韵味，比如：

> 横看成岭侧成（陈）峰，大家好，我叫陈峰。

说到这里可能大家会说，我的名字如果没有刚好可以套用的古诗词怎么办呢，这里有两个方法：第一个是可以自己编古诗，第二个就是在网上搜"藏头诗生成器"，上面可以选择五言或者七言，名字藏头藏尾都可以，但是在选择的时候一定要选富有美好寓意的，诗句含义也要和本人气质相协调。

幽默法

> 有一次我到一所大学去讲课，有位身材高大且微胖的女生上台自我介绍说：大家好，我叫陈婷婷，父母给我起这个名字时是希望我长大后出落得亭亭玉立，但是大家看到了，显然我父母的期望落空了。

幽默的语言不仅快速拉近了和下面同学的距离，也让大家对她的名字记忆深刻。

名字拆解法

一位教育研究院教研员曾为人们讲解了汉字之美，许多网友纷纷赞叹"我中华文化博大精深"！"最美我中国汉字"！他说："因为我们从象形文字发展而来，这个文字在被创造的时候，它的构造就代表了一层含义，一个道理，一种文化，甚至是我们中国人骨子里的一种精神。"他举了一个例子——"仁"字，"仁"左边的这个单立人，表示普天之下不同身份的生活者，而右边的这两横，表示的是等同和等齐，组合在一起的意思就是，对不同身份的人等而视之、将心比心。

所以，在名字的介绍中也可以使用文字拆解法，比如周路，可以这样介绍自己：

> 大家好，我叫周路，路是道路的路，由足字旁和"各"字组成，我相信每个人都会走出一条属于自己的成功之路。

与地方联系

比如李淮河，可以这样介绍：

> 我姓李，来自江苏，在秦淮河边长大，因此我名字就叫作：李淮河。

形象思维法

形象记忆就是营造一种图像，让人产生画面感，这样更能让人记住你的名字。

在文章开头，我留了个悬念：为什么我能赢得全组人的投票？其实我只是用了一个小技巧，就是把自己的名字"汤金燕"做了图像化的处理，我当时是这样介绍的：

大家好，我叫汤金燕，大家可以想象一下，桌上放了一碗汤，汤上面放着一把金勺，金勺上面这时候飞来了一只燕子。每组画面构成我名字里的每个字。

再比如，我们有个学员叫"蔡伟"，在没学演讲前，他对自己名字的介绍就是"大家好，我叫蔡伟"，学习演讲后，他这样介绍自己的名字：

首先在白板上画了一棵大白菜，随后在大白菜尾部画了一条尾巴，最后指着这幅画对大家说："大家好！我叫蔡伟。"

不仅具有幽默感，而且令人印象深刻。

再比如：余江雁，这个名字，就可以这样介绍：

大家好！我叫余江雁，请大家想象一下，在长江上空，有一只大雁正在翱翔。

在名字的介绍上要注意，我们讲名字的时候要慢一点，这样可以让听众听得更清楚。另外可以做一下解释，这样做的原因有两个，一个是有的名字容易让人误会，比如我的小外甥叫作"陈钟垚"，如果光听，可能会有人误以为是"瑶"，以为这是一个女孩子的名字；二是提前为后面的演绎做铺垫。

　　要注意，在 Me（我是谁）的部分，名字虽然可以设计亮点，但并不是必不可少的，在一些商业场合，你叫什么不是最重要的，重要的是你能为对方带来的价值。

　　当然，除了名字，职业信息也可以设计，比如我们有位学员在介绍职业时说自己是"金融行业的医生"，非常生动。

> 　　我是一名金融从业者，同时又是一名"医生"，大家可能会很好奇，为什么我可以同时跨界两个身份呢？其实我是一名金融行业的"医生"，人们常说身上可能会长出一些肿瘤之类的疾病，那么银行业务中也会有一些贷款出现违约，形成不良资产，这就是金融行业的"肿瘤"。我们的单位职责就是接收银行这些不良的贷款，像医生一样把这些"肿瘤"切除出去，帮助银行摆脱重重的考核负担，让金融行业恢复正常的运转。

2. T—Task

这个部分很重要，主要阐述你的成就事件和优势能力，尤其要注意的是如果我们有取得成绩，这些要可衡量。

比如：

> 作为一名演讲教练，我拥有 10 年以上商务演讲实战经验，超过 1000 场的培训与演讲经历，曾帮助过 10000 名以上的学员摆脱舞台紧张，辅导过众多学员获得全国性演讲冠军，让他们从不敢上台到热爱舞台，让他们具备演讲能力，从而掌控人生中每一次的关键时刻！

这部分的介绍中有一个很好用的方法就是"数字法"。

用数字展示专业领域的积累或成绩

比如：

> 我是一名长跑爱好者，每天坚持跑步 10 千米，已经坚持了 5 年，3 年参加了 50 多场马拉松，拿下了 6 个男子组全程冠军。

用数字展示学习方面的积累

我有个学员特别喜欢瑜伽，因为热爱，所以花了很多费用和时间学习瑜伽专业技能，并且还考取了瑜伽教练证，在数字上可以从两方面进行展示。

> 我在瑜伽领域每年支付的学费超过"五位数"；
>
> 我每天花在瑜伽练习上的时间是 120 分钟，一年就是 43800 分钟。

注意：用分钟，看起来冲击力更强，如果用小时，一年就是 730 个小时，看起来冲击力会小一些。

3. V—Value

就是我的价值在哪里，能提供给现场听众什么利益。这些能力能够给他人提供怎样的价值，能怎样帮助到别人。

现在来看两个使用 MTV 法则做自我介绍的案例，第一个是以我自己为例。

> M（我是谁）：大家好，我叫汤金燕，是一名演讲教练，不知道大家是否会因为恐惧演讲不敢上台？是否会因为不擅长演讲而错过人生中许多的机会呢？

T（成就事件／优势能力）：作为一名演讲教练，我拥有着 10 年以上商务演讲实战经验，超过 1000 场的培训与演讲经历，曾帮助过 10000 名以上的学员摆脱舞台紧张，辅导过众多学员获得全国性演讲冠军，让他们从不敢上台到热爱舞台，让他们具备演讲能力，从而掌控人生中每一次的关键时刻！

V（我的价值）：如果你也想轻松自信地登上舞台，我可以帮助到你。金燕老师希望成为你的私人演讲教练，助力你的每一场演讲都惊艳全场！

不知道大家注意到两个细节没有。

第一，我名字的演绎放到了结尾的位置，所以名字演绎是可以在结尾结合号召来使用的，不一定要在开头展示。

第二，我在开头设计了"钩子"，通过两个问题，引发大家的共鸣和兴趣。

我们再来看一个例子。

M（我是谁）：大家好！我叫王土旦。王，君王的王；土，土地的土；旦，元旦的旦。

T（成就事件／优势能力）：我的职业是一名 IT、互联网行业的猎头，从业 8 年，服务超过 50

家知名 IT、互联网公司，帮助过 350 位 IT、互联网行业的人才找到心仪的工作，平均年薪 60 万元。

V（我的价值）：我手上有很多"BAT"（指百度、阿里巴巴、腾讯）公司高端招聘的岗位，如果你们或者你们身边的亲朋好友想跳槽到"BAT"，可以找我引荐，我可以协助你们准备这些大公司的面试，以及传授谈薪资的经验。

祝福：最后，大家是否发现，我名字中"土"和"旦"组合起来是什么字？对，就是"坦"字，平坦的坦。在这里，我祝愿亲爱的朋友们通过这次学习能在未来的职场中，走得顺当一点、平坦一点！

再次强调：希望大家记住我，我是王土旦，谢谢大家！

这个例子结尾增加了一个祝福，并再次对名字进行强调，可以增强听众对名字的记忆。

家乡特色介绍法

在自我介绍当中，有时候需要介绍自己的家乡，有些人只是简单说个地名，这样既不能引发听众对你的兴趣度，也没有展现家乡的特色。接下来，给大家分享介绍家乡的四种方法。

1. 与当地的人文历史挂钩

绍兴：我来自鲁迅的故乡——浙江绍兴。

曲阜：我来自著名的教育家孔子的故乡——山东曲阜。

南昌：我来自南昌，中国革命斗争的第一枪就是在南昌打响的。

2. 与地理方位挂钩

浙江：我来自有"江南水乡"之称的浙江。

哈尔滨：我来自哈尔滨，中国最北边的省会，松花江上最大的城市。

3. 与当地小吃特产挂钩

茂名：我来自广东茂名，著名的"荔枝之乡"。

4. 与当地特色美景挂钩

桂林：我来自"桂林山水甲天下"的广西桂林。

景德镇：我来自著名的"瓷都"江西景德镇。

自我介绍注意事项

1. 时间的把控

正常情况下，自我介绍时间都不宜过长，一般 1 分钟左右为佳，除非活动环节上有特别要求，比如我参加过一场活动，现场给到具体的介绍公式，时间要求就是 3 分钟左右。

2. 态度真诚

进行自我介绍，态度一定要自然、友善、亲切、随和。应落落大方，彬彬有礼。既不能唯唯诺诺，又不能虚张声势，轻浮夸张。语气要自然，语速要适中，语音要清晰。

3. 内容真实

进行自我介绍要实事求是，真实可信，不可自吹自擂，夸大其词。

这里给大家展示一篇某选手在某节目总决赛的拉票演讲，在最后时刻，这位选手很真诚向观众再一次做了自我介绍。

大家好！这个舞台此时此刻是我一生中最重要的时刻。我不会拉票，但是我还是向大家重新介绍一下我自己吧！我叫 ××，今年 37 岁，虽然长得有点老，但我是属实的"80 后"。

我少年学艺，然后参军，成了一名解放军战士。在部队服役 8 年又回到了地方，我前前后后当了 19 年的演员。在这 19 年当中，我去过各种场所演出，从田间地头，到社区广场；从慰问部队，到送戏下乡。这19年当中我也演过很多不同的角色，我说过相声，打过快板，拉过大幕，也帮人放过音响，但是这19年不管场地怎么变，角色怎么变，我要向大家汇报的是我从来没有懈怠过。

我渴望舞台、渴望表演、渴望掌声。因为如果说喜剧演员四个字可以有一个衡量的话，我愿意拿我的命去保护它。当然，如果我今天离开这个舞台了，我也有一个小小的请求，希望大家能够记住我，我叫 × ×，37 岁，我是一个"80 后"。

这段自我介绍亮点颇多。第一，很真诚；第二，文字简洁有力，短短两分多钟，把从艺经历介绍得很清楚，从中也感受到他对舞台的热爱；第三，首尾呼应。因此，连对手都对他报以热烈的掌声，最后他成功夺得总冠军！

✍ 自我介绍小练习

根据 MTV 法则设计一个令人印象深刻的自我介绍。

🎤 升职加薪：岗位竞聘的方法技巧

著名作家柳青曾经说过："人生的道路虽然漫长，但紧要处常常只有几步。"在我多年私教辅导中，每年专门来做岗位竞聘辅导的学员很多。对于职场中重要的转折点，人生的关键时刻很多人都会十分重视。通过针对性的辅导，许多学员竞聘成功，职场获得跃迁，人生开启了新的篇章，而我在这个过程中也积累了丰富实用的教学经验。

岗位竞聘有哪些方法技巧呢？根据下面这张模型框架图为大家逐一分享。

图 10-2　竞聘演讲的模型框架

竞聘演讲的模型框架

1. 开场白

开场白要给评委留下好的第一印象。内容包含：称呼＋问好＋名字＋部门＋竞聘岗位＋感谢＋导入。

称呼＋问好

比如：尊敬的各位评委，大家早上好！

名字＋部门＋竞聘岗位

比如：我是来自财务部的张强，很荣幸今天能参加财务经理的竞聘。

感谢＋导入

比如：

感谢：感谢各位领导能给予我这次展示自我的机会。

导入：可以使用故事法、数据法等开场导入，具体可以参照第三章所分享的开场方法。这里展示一个以数据为导入的开场白。

> 首先向各位领导展示三个数字，分别是 10 年，3650 天，87600 小时。从 2011 年到现在，我以财务工作为核心，在 10 年的工作历程中，始终兢兢业业坚守在工作岗位上，为公司的发展脚踏实地奋斗着、拼搏着。

如今很多职场竞聘都需要使用 PPT，如果采用这种数据的导入法，我们可以把三个数字进行重点凸显，更加直观。

2. 主干

主干部分是我们竞聘当中最为核心的内容展示。一般包含了四个部分：个人情况、岗位认知、竞聘优势、任职设想。

个人情况

这个部分简要介绍一下自己的年龄、学历、岗位经历、个人荣誉等，甚至可以加入一些工作的信条。比如：

> 工作上，要做攻坚克难的狮子，锐意进取的雄鹰，脚踏实地的骆驼，把心思集中在"想干事"上，把能力展现在"会干事"上，把目标锁定在"干成事"上，等等。

岗位认知

这个部分要谈一下你对竞聘岗位的认知和理解。竞聘中，语言要有感染力，可以用打比方的方式来做岗位的认知。

比如：

第一，团队内的"掌舵者"：作为某部门的负责人，要善于运筹帷幄，带领团队，制定战略，达成绩效目标。

第二，团队内的"催化剂"：要善于调动员工的积极性，帮助其解决所遇到的问题，关注业绩低迷的员工，帮助他们调整心态。

第三，团队内的"一座桥"：自身需要具备较强的沟通管理能力，协助上级完成好管理工作，做好与下属以及与其他部门的沟通。

第四，团队内的"培训师"：不仅要善于加强自身的学习建设，更要注重打造学习型组织。工作中要指导下属成长。

大家可以根据自己所竞聘的岗位来做精准的打比方，比如：参谋长、观察员、规划师、开拓者等。

竞聘优势

主干的第三部分也是竞聘当中最关键的部分，竞聘讲求资质匹配，所以这部分需要展示与竞聘岗位匹配的核心优势。主要谈工作能力和工作态度，工作能力上过往和现在自己取得的成绩有哪些，以此证明自己能胜任这个岗位；工作态度上表明自己的爱岗敬业等，这个部分一定要结合竞聘岗位的需要和领导的关注点展开,切记要重点突出,不能像流水账。

在归纳总结优势方面,为了展示重点和语言感染力,可以使用高度概括的方法,比如我曾经辅导过一位部队的学员竞聘指导员这个岗位。当时结合她的职业特点,我建议她采用"五星优势"来概括和逐一展开。

> 作为一名光荣的军人,我们的军帽上熠熠生辉的五星徽章,象征的不仅是军人的职责,更是一份崇高的使命。今天我有幸来竞聘××指导员一职,我将从五星角度来阐述我的优势。

做了精准的概括之后,就可以根据关键词进行一一展示,在这里要特别注意的是,优势要按照程度逻辑来排序,一定要把显著的优势放在前面,要分清主次。

任职设想

这个部分就是分享未来如果担任这个岗位后的规划。主要是告诉领导,如果你来担任这个岗位,将会怎么开展工作。需要你从本岗位的各项主要职能方面逐一展开说明,要特别突出工作上的创新点和清晰的思路。

同样也可以使用高度概括的方式,让领导既收到你传达的准确信息,又能在众多竞聘中感到耳目一新。比如我曾经给某航空公司的一位学员辅导竞聘时，就是采用"加减乘除"归纳岗位设想，再逐一进行具体的阐述。

加，"加"强排班管理，优化排班品质。

减，"减"少沟通障碍，提高团队凝聚力。

乘，"乘"就幸福×航，做好立项工作。

除，消"除"风险点，实现风险管控。

又比如，我曾经在辅导一位快消品行业的学员中，采用"破局"这个概念。

破思维：统一思想，统一目标。

破传统：变革创新，顺应趋势。

破渠道：规范标准，高效管理。

破角色：共同行动，共同投入。

3. 结尾

结尾是升华拉票的重点环节，在拉票的同时也要表达如果没有竞选上的态度。比如我给一位在三甲医院从事医护工作的学员辅导时，结尾如下：

"路漫漫其修远兮，吾将上下而求索"，各位领导，各位同事，无论这次竞聘成功与否，对我都是一次锻炼和考验，未来，我将一如既往在护理岗位上不断探索、不断精进，秉承"仁爱为本"的护理理念，更好地服务每一位患者！再一次衷心感谢院领导给我们创造这个平台展示自我，也衷心希望我能为医院增添一份光彩和荣誉，同时一展自己的理想和抱负！谢谢大家，我的竞聘演讲结束，感谢各位领导的聆听！

也许，我们还会遇到一些特殊的情况，比如前面那位竞聘指导员的学员和我说，"我觉得这次竞聘有一个很大的不利因素，就是我刚生完孩子，担心领导会顾忌到我的身体状况和时间，影响对我的评分"。我说你不用担心，可以把不利变为有利的因素。最后我们设计的结尾打动了评委，最终她脱颖而出，竞聘成功。

在部队过往的经历与阅历，是我人生宝贵的财富，是我披荆斩棘的不竭动力，更是我对组织无限感激的源泉，如今，我又沉浸在初为人母的喜悦之中，生命中，多了一个身份，就是母亲，我内心希望成为他的榜样；今天我也衷心地希望各位领导能给我这次机会，让我能拥有另一个身份——指导员，成为女兵成长路上的"一盏明灯"。无论是母亲还是指导员，都肩负着沉甸甸的责任和爱，我会把责任化为动力，用爱去成就这份事业，我一定不辜负你们的信任！当然，无论这次竞聘成功与否，对我都是一次锻炼和考验，未来，我将一如既往在本职岗位上不断探索、不断精进！谢谢大家！

竞聘演讲的注意事项

1. 忌超时

竞聘也是一种比赛，既然是比赛就会有相应的规则，由于同岗位的竞聘人数都有若干或者众多，所以会设定时间，一般为 5～10 分钟，甚至更短，只有 3 分钟。这就需要演讲者重点只谈某一部分的内容。如果时间更长，可以把主干部分进行详细阐述，尤其是竞聘优势和任职设想两个部分的内容。

但是不论规定多少时间，我们一定要注意时间的合理安排，不能超时，否则一方面可能会直接被打断，而导致内容没办法完整呈现，自己也会阵脚大乱；另一方面，给领导的印象也不好。所以，竞聘练习时，一定要提前规划好时间。

2. 忌杂乱无章

竞聘演讲中有些公司会给框架模板，有的要自己设计，正常情况下，整体逻辑都不容易出错，但是在具体每个部分展示内容时，一定要逻辑清晰，不能条理混乱，而且要主次分明，重点突出。

同时，还需要注意每个部分的过渡不要太过生硬和突兀，要自然流畅，让领导的注意力始终跟着你走，被你牢牢吸引着。

3. 忌狂妄自大

有的竞聘者过高地预估自己的能力，在谈工作优势时好提当年勇，夸夸其谈，自认为条件优越，某职位"非我莫属"，做好工作不过是"小菜一碟"。在谈工作设想时，脱离实际，来一些"海市蜃楼"般的高谈阔论，许下一些不可能兑现的工作目标承诺，不仅会引起领导的反感，更会让他们质疑你的工作能力会不会也是如此华而不实。

4. 忌过分谦虚

自夸过度固然不好，但是有的竞聘者又走向另一个极端，就是过分谦虚。竞聘者要客观公正地评价自己的竞争优势，大胆发表行之有效的"策略纲领"。但有的竞聘者唯恐因自己的"标榜"而引起领导的不悦，把对自我的认识和评估降到"水平线"以下，这不利于向领导充分展示能力和优势。这种过分谦虚的表达，不仅不能反映自己真实的能力、水平和气魄，也不利于领导对你做出正确的评估。

5. 忌声音平淡无力

竞聘演讲需要展示竞聘者的自信，但是有些竞聘者因为缺乏实战历练，第一次正式登台就面临着职场的"大考"，有的人不仅会表现得情绪紧张，同时声音也平淡无力，所以，我们在竞聘中，一定要注意停顿和重音，停顿会让我们的演讲更具有层次感，重音会让我们的演讲有起伏和力度，当然发音吐字的清晰度和声音的温度、感情也很重要。

6. 忌服饰不得体

竞聘演讲是一项正规、严肃的主题活动，因此，竞聘者的穿着应以得体大方为宜。但是，有的竞聘者认为穿得与众不同就会以"奇"制胜，或服饰华丽，或不修边幅。

> 有一次，我问一位即将参加竞聘的学员，你打算穿什么衣服上台？她说穿工作服，我说这个没问题，我又问她鞋子呢？她用手指了一下脚上穿的鞋子，我低头一看，这双鞋子的鞋面明显掉皮，我当下就说这双鞋子已经破损了，不能穿上台。

我们要注意：在竞聘中，着装不得体会给领导留下不好的印象，使竞聘效果大打折扣。衣服上切忌有褶皱和污渍，另外，如果是女生，我一般建议可以化一点淡妆，但是千万不要浓妆艳抹，更不要佩戴夸张的首饰。

竞聘演讲为广大人才提供了一个充分展示自我的舞台，是演讲领域非常重要的一个场景。希望所有人都能掌控人生重要的时刻，实现职场新的跃迁。

🎤 能干会说：年终总结的方法技巧

辛辛苦苦忙一年，不如年终发个言。作为职场人士，每年不能避免的就是年终总结汇报，其实除了一年一次的年终总结以外，我们平时的周总结、月总结、季度总结、半年度总结等也需要十分重视，每一次的汇报都是在领导面前展示的好机会。

有的人说干得好就好了，不一定要讲得好，但是即使全年业绩做得很好，领导也希望你能在正式场合表达出来，况且有些领导还不是很了解你平时的具体情况，你就更需要抓住难得的时机好好表现。因此，以下方法适用于各种总结汇报中。

年终总结的方法技巧

图 10-3　年终总结的方法技巧

1. 工作业绩

在年终总结中，要清晰表明过去一年自己部门或者个人完成了哪些业绩，有的是具体的项目，我们按照程度逻辑来进行排列阐述，从最重要、次重要、一般重要，逐一展示项目的具体情况，不一定要使用时间逻辑。

如果你是销售岗位，可以按照为公司创造业绩的高低，从多到少进行排列；如果你是采购岗位，可以按照为公司节约了多少费用，从多到少进行排列；如果你是培训岗位，你可以按照项目创造出来的价值和影响力大小进行排列。总之，顺序最好使用程度逻辑，尽量使用具体数字来展示，而且要把数据具象化、生动化，这部分可以参照第三章的内容。

2. 工作亮点

我们说过，年终总结就是一次给领导留下深刻印象的机会，所以在展示业绩之后，第二步要分析在执行完成这些工作中，有哪些亮点值得总结和分享。比如：优化了哪些流程、拓展了哪些渠道、节约了哪些成本、提升了哪方面效率。

　　曾经有位做外贸工作的学员，她把工作亮点打比方为健身中的减脂和增肌两大方面，减脂指的是大幅降库，增肌指的是优化库存。这种说法，给人留下深刻的印象。

　　除了打比方，还可以采用第四章"高度概括"来进行总结。

　　有位学员这么总结工作亮点："三字诀"助力业绩攀升，定：定目标，定策略；盯：盯进度，盯结果；顶：顶压力，顶新人。

　　这个方法同样能够让人快速记住重点。所以，精彩的演讲一定是设计出来的。

3. 问题分析

　　在总结汇报中，我们不能只是报喜不报忧，对于工作中存在的不足也要坦然承认，并认真分析，但是这部分的陈述篇幅不需要过多，不能超过工作业绩和工作亮点两部分，否则领导都关注到不足上了。这个部分主要呈现一下工作中存在的问题，比如从自身和外界两个维度分析导致不足的原因，并且梳理改进方法，避免重复犯错。

4. 未来规划

最后一步，就是谈谈新一年的工作安排和需要哪些方面的资源支持。总结上一年工作当然是年度总结中的重点，但更好地规划和安排下一年工作才是总结的目的，所以下一年度工作计划和安排同等重要。

在讲述未来规划时，要注意四点。

明确工作的主要思路

战略决定命运，思路决定出路，良好的业绩必须要有清楚、正确的思路支撑。否则就变成了无头苍蝇，偏离了方向和轨道。

明确新一年度工作的具体目标

比如：销量目标、回款目标、利润目标、渠道建设目标、区域市场发展目标、团队建设目标、学习培训目标等。

完成计划的具体方法

讲述未来规划时，可以阐述一下完成计划的具体方法。这一部分，同样可以使用前面说过的"高度概括法"。比如有位学员分享新的一年如何提高销售业绩时，他把方法概括为"水平拓展"和"垂直强化"两个维度。

关键的一点

要简单表达一下明年的工作需要哪些方面的资源支持，方便第二年工作开展中获得更多鼎力协助，顺利完成项目，达成业绩。

年终总结的注意事项

虽然总结汇报是一种偏公文的演讲形式，但是在众多汇报者中，如何使汇报令人耳目一新呢？想让年终总结有亮点、有创意，这里有三个部分可以进行精心的设计。

1. 标题设计

现在的总结汇报普遍用 PPT 的方式，我见过很多人的 PPT 封面标题，基本都类似于"某某部门 2021 年年终总结及 2022 年工作规划"。这种千篇一律的标题让人看了索然无味，好像只要把部门名称换了，就是另一个部门的汇报 PPT。

所以在规则允许的情况下，可以设计一个体现主旨和思想的主标题。比如曾经有学员设计的标题为《脚踏实地 仰望星空》，表达自己的工作态度勤恳踏实，但是在工作上同样怀有远大的抱负和追求。比如有一档综艺节目很火，当时有个学员设计的标题是《乘风破浪 开创新局》在汇报中围绕几个核心的破局点进行展开。再比如《心中有"数"手中有"术"》的汇报标题，表达的是在基于大数据下的智慧管理方法。

2. 开场白设计

很多人在总结汇报开场白中都是平铺直叙的,我们在第三章详细分享过开场白的重要性和方法技巧,同样也可以运用在年终总结中。有位学员在开场中以漫画形式,展示两个客户的对话,表达对他们企业的认可。这种开场也容易夺人眼球,更多的方法可以参考第三章的内容。

3. 结尾设计

同样,很多人在总结汇报时用"以上是我的年终总结,谢谢大家"草草收尾,粗糙的结尾会影响整体的演讲效果。在第三章中详细分享过结尾的重要性和方法技巧,同样也可以运用在年终总结中。比如,前面提到的《脚踏实地 仰望星空》这个标题,在结尾我是这么给学员设计的:

> 2021 年是牛年,我们既要有牛一般脚踏实地、勤勤恳恳的工作态度,同时作为新任管理者也要有仰望星空的格局和前瞻性,我叫××婷,在新的一年,我将会带领我的团队,不断奋斗,永不停(婷)止!

既和标题巧妙呼应,而且可以把自己的名字恰如其分嵌入进去,给人留下深刻的印象。

此外，总结汇报中特别要避免：流水账、无重点、只报喜、太低调、假业绩、临时抱佛脚等问题，所以，总结汇报需要精心的准备和设计，以赢得职场更多的机会和可能性。

🎤 高光时刻：获奖感言的方法技巧

曾经有一位学员给我分享了一段经历，当时他说："去年因为我负责的部门业绩还不错，年底受到了嘉奖，走上舞台领取证书、奖杯的时候，现场主持人突然让我说一下获奖感言，我当时愣住了，就随口说了几句，后来我总觉得自己没有表现好，这件事让我心情低落了很久。"

是的，在工作当中，因为我们的优秀，获得公司颁发的各种荣誉、奖项，这是一件好事，当我们获得这些荣誉的同时，其实提前做好发表获奖感言的准备，做出一次精彩的感言并没有想象的那么难。

接下来，分享一下获奖感言的方法技巧。

获奖感言方法技巧

图 10-4　获奖感言模板

　　根据这个获奖感言模板，我们来看一个具体的案例：

> 　　尊敬的各位领导、各位同事：
>
> 　　大家好！（问好）
>
> 　　我是××，首先要感谢公司给我这个展示自我与实现自我价值的平台。（名字与感谢）
>
> 　　作为一名新员工，能够获得公司"优秀员工"称号，我深感荣幸。在这里我想说，是公司领导的关怀，是所有同事对我的鼓励，是客户的支持，让我今天能站在这个领奖台，所以，今天颁给我的荣誉，是属于大家的！在此，我要向所有曾经帮助、

支持过我的领导、同事、客户深深鞠上一躬，谢谢大家！（归功）

对于去年的成绩，我有三个非常深刻的感受：

第一，每一分私下的努力，都会获得倍增的回报，并在公众面前被表现出来。

第二，行动是成功之母，如果我们有好的想法，好的观念不去行动，不去实施，都是空想。

第三，勇敢挑战，只要我们具有明确的目标与超强的行动力，就没有达不成的业绩。（发表三点感言）

我相信，只要我们全力以赴，在新的一年，我们一定可以创造新的奇迹。（愿景）

最后，再次感谢大家的支持！（感谢）

通过这个获奖感言公式，相信你在任何时间、任何地点需要发表感言，都可以快速整理好思绪。

✍ 获奖感言小练习

假设你获得了"优秀员工"或者"优秀管理层"称号，模拟发表一次获奖感言。

除了这种套路式的获奖感言，还有其他灵活的思路。

某节目斩获奖项时，某主持人作为制作人登台领奖并发表获奖感言。

她分享时，声音上知性有力，内容上由"第一次"这个关键词进行串联，层层递进、逐层深入。首先，该节目每期都有一个主题词，她从第一次担任制片人这个点展开，引申到节目中曾经一期的主题词就是"第一次"；其次，每期都会邀请各领域嘉宾，她分享到"第一次"这个主题中邀请到的一位嘉宾——某青年围棋手，通过他和 AlphaGo（阿尔法围棋）的比赛来提炼出一种"人之所以为人的精神"；最后，由此点出节目的理念，彰显了电视台和媒体人的责任。

在某电视艺术节上，某演员凭借其扮演的剧中角色包揽了"观众最喜爱的男演员奖""最佳人气男演员"两项殊荣，短短不到三分钟的获奖感言更是好评如潮。

他的获奖感言好在哪里呢？我从条理清晰和论据充分两个角度来为大家拆解分析一下。

第一，条理清晰。

凤头（开场）：以幽默的方式让现场的听众会心一笑，"首先我感到非常意外，没想到剧中的男女主角会以这样的方式相会"。

龙身（正文）：结论先行，表明观点。"说句心里话，我今天拿到这个奖，并不是因为演技有多么好。我觉得是因为，我很幸运"。

接着分论点从三点进行展开阐述：

"我很幸运，我比更多人更早知道演员应该是怎么样的。"

"我很幸运，我比更多人更早知道了什么样的演员才是真正的演员。"

"还有就是，我有很多机会看到生活中一个真正的演员是什么样的。"

豹尾（结尾）：

总结——"所以今天这个奖杯到了我手里，它并不是代表我到了多高的高度，而是代表了我刚刚上路"。

升华——"这是一条创新之路，也是一条传承之路。艺术是需要创新的，但是追求艺术、敬业精神是需要传承的"。

第二，论据充分，为了论证观点，不能只说道理，不摆事实。在这里他巧妙列举演艺圈三个明星的故事，一个分论点搭配一个故事，生动有力地论证了观点。而且三位也在现场，不仅让当事人很感动，也看出他作为年轻演员谦逊的一面。

所以，他这篇获奖感言在内容设计上做到了逻辑清晰、论据充分，态度上又谦卑有礼，感情上更是走心真挚。

获奖感言注意事项

作为被褒奖的人，得体大方地发表获奖感言，也是给领导留下好印象的机会。在做获奖感言时，有四点注意事项。

1. 精简不啰唆

获奖者的语言表达一定要简洁有力，如果啰里啰唆说一大堆废话，现场听众会产生反感的情绪。要善于运用简洁凝练的语言表情达意。言简意赅的感言，常常会给听众以心灵的感染和思想的启迪。

2. 富有创意不落俗套

如果是在同一场合多人获奖并发表获奖感言，内容容易雷同"撞车"，这个时候听众听起来会感觉缺乏新意。如果获奖者尽说一些别人说过的老话和套话，听众也会感到厌烦。

因此，获奖者只有别开生面，说出新意，才能给听众留下深刻的印象。

3. 态度谦虚不骄傲

在发表获奖感言时，获奖者应该秉承谦虚的态度，因为一个人的获奖，往往凝聚着许多人的心血和汗水。话语尽量谦逊和真诚，不能靠故作姿态地一味言谢来体现，而是通过谦和的语态与平实的语言表达出来。前文那位演员的获奖感言无论从内容还是呈现表达，都充满谦虚的态度，而在他获奖上台前，他还专门和老戏骨拥抱，并自称"受之有愧"。

4. 幽默有趣不死板

获奖者发表获奖感言，不用过分庄重和严肃，倘若适当来一点幽默，不仅可以活跃现场气氛，而且能够彰显获奖者的个性魅力。所以前文那位演员的获奖感言在开场就来了一句"首先，我觉得非常意外，我没想到剧中的男女主角会以这样的方式相会"。话音刚落，现场的人都心领神会地发出了笑声。

开口成金：招商路演的方法技巧

几年前，我在北京参加了一场上万人的大型活动，现场有很多企业负责人登台宣讲自己的企业和产品服务，据说每个人仅 30 分钟的演讲时间，主办方对其收费就高达 28 万元！

在聆听过程中，有两个对比令我印象深刻。有一位创始人分享完，我旁边的一位老师突然问我："他们公司到底是做什么的？"反之，另一位分享者的演讲非常具有感染力，会后，我发现他们的企业展台前很是火爆，很多人争先恐后在咨询他们的业务。

这么昂贵的 30 分钟分享，本质就是一场重要的招商路演机会。有的人真正发挥出了演讲就是生产力的作用，但是有的人却没能说清楚、讲明白自己公司是做什么的，这浪费的不仅是 28 万元的营销费用，还不能提升公司的影响力和美誉度，更有可能会让现场的听众降低对这家企业的好感度。

现如今这个时代，招商路演是企业的一个全新营销方式，按照一对一的模式谈客户，工作效率太低，耗时又耗力，而通过招商路演这种一对多批量式、效率高的方式，能快速实现价值的裂变。

招商路演逻辑框架

简单来说，招商路演的逻辑框架一般包括以下六个步骤。

1. 市场机会

分析这个项目为什么能赚钱。这一步要分享市场前景、行业现状、行业痛点、当下企业或客户遇到的问题，让他们感受到危机，挖掘痛点。痛点越痛，痛的人数越多，你的项目就越有商业价值。

2. 市场体量

分析这个项目能赚多少钱，分析当下国家趋势、当下社会需求。市场体量有多大，要有翔实数据。

3. 市场生命力

分析这个项目能赚多久，市场和产品生命力的情况如何，同样也需要有翔实数据的说明。

4. 优势展示

为什么是你们来做这件事，通过分析团队、技术、产品、服务等优势，分享如何解决痛点，让潜在投资人或者加盟商产生和我们合作的需要。

5. 立出方案

阐述完优势后，要列出具体的合作方案和政策，给到现场合作的优势和好处，让投资人或者加盟商了解我们的回报，产生合作的欲望。

在这个环节有两个注意事项。

要点总结，测试一下现场听众的意向

首先，对前面所讲的重点再做一个提炼和总结，帮助潜在的加盟商再次回顾项目的价值优势；其次，测试潜在的投资客户，可以这样说："各位现场的朋友刚刚听完我们的项目介绍，觉得这个项目不错有市场前景的，有意向跟我们合作的朋友请举手来看看。"到了成交签单环节的时候，重点需要跟进的是举手的这部分人。

方案呈现，放大价值

方案呈现就是告诉大家，他要投多少钱，这些费用分别都包含什么？而他享受的权益是什么？他可以获得多少投资回报？可以实现一些什么样的价值？每一条权益在讲解的时候，要做一个价值放大的动作，把价值塑造起来，因为没有价值凸显的方案是没有力量的。

6. 促成交

所有的核心都围绕着"促成交"这个动作，有了前面五个环节成功铺垫后，最后一步"促成交"是非常关键的，从理性角度来看，已经塑造了充分的成交理由，但是从感性角度来看，成交时机应该选择在现场听众渴望马上行动的时候。

有的招商现场还会采用"上台成交法"，现场可以这样说：

你们觉得我们今天的项目是不是非常棒呢？你们现在对我们公司的实力是不是充满信心呢？你们现在是不是就愿意为实现自己心中的创业梦想而马上行动呢？那就迅速起立，请起立的朋友马上上台、立刻行动！

招商路演的成交秘诀

1. 数据——要翔实，要生动

2017 年，马云来到底特律进行演讲，本来只准备卖 1000 张门票，结果火爆到 3000 人入场聆听。

柳传志听了马云在底特律的演讲后，激动感慨地写下千字文章点赞评价。马云在这场演讲中亮点颇多，其中就引用了大量具体翔实的数据。

> 首先，做生意从来都不容易，不要和我说现在这个时代做生意很困难，做生意从来都不轻松。过去的 20 年，靠脚走出贸易，现在，贸易转变为网上交易。中国成为互联网、移动端上的国家。去年光棍节（11 月 11 日），仅一天我们创造了 178 亿美元的销量。几天前的 6·18 活动，我们在 10 分钟以内出售了 200 万支口红，在 5 分钟内销售了 200 吨奶粉。人们开始网上购物，正如我所说的，每天约 2 亿人在手机上消费。仅我们公司每天就需要派送 6000 万个包裹，可以预测到在接下来的 10 年里，中国的物流公司每天至少需要派送数 10 亿的包裹……

此外，通过数据的生动对比来凸显优势。

1000 年前，马可波罗花了 8 年时间从欧洲来到中国，又花了 8 年时间返回。如今，8 秒钟你们就可以来到中国数亿次。马可波罗来中国的时候，路途凶险，而如今这些困难都不存在。

同样作为发布会演讲高手的乔布斯，在数据运用上也是一位高手。

2001 年 10 月 23 日，苹果公司发布全新产品 iPod，其最大的卖点是 5GB 存储空间，但是，5GB 这个数字对于听众来说没有什么感觉，乔布斯更进一步从消费者的角度出发，5GB 对于消费者意味着可以装 1000 首歌，于是，一句全世界流行的广告语就这样诞生了：把 1000 首歌装进口袋。就像现在有的楼盘广告为了说明楼盘位置好，会这样说："你和家的距离，仅仅只是一首歌的时间。"化冷冰冰、抽象的数字为可感知的数字。

2. 故事——有温度，有共鸣

在第四章中，我们详细分享了故事的作用和讲故事的方法。在路演中，很多创始人或发言人，容易陷入只是冷冰冰的介绍项目，我们可以从感性的角度去讲有温度的故事，从而引发听众的共鸣。在招商路演中故事的类型可以有很多，包括企业的品牌故事、创始人的创业故事、员工故事、产品故事等。我们来举一个产品故事的例子。

曾经有一款杯子，问世后就成了爆款，销售突破 50 亿元，这款产品就是 55 度杯。它的发明者是洛可可创始人贾伟，贾伟每次在介绍这款杯子时都会分享背后一个很感人的故事。

当年我的小女儿不到 2 岁，个头还没有桌子高，有一天她说口渴了，我的父亲就倒了一杯刚烧开的水，父亲还特意把水放到桌子中间，怕孩子碰到。没想到那个水杯有一条绳子，女儿急着要喝水，一拉那条绳子，那个热水一下子泼到了她半张脸上和胸口上，我当时一下子就慌了，抓住女儿的手，因为怕女儿抠烫伤处，并马上把女儿送到儿童医院，抱着女儿去医院的路上我都是流着泪的。女儿烫得太厉害了，需要住院 15 天，当时女儿一直撕心裂肺地叫着爸爸妈妈，那个痛就在我内心中积压下来。

中国人很喜欢喝热水、热汤，但是几千年来，我们只有两种杯子，一种是喝水杯，一种是保温杯，其实我当时看到了太多太多的孩子在病房里，各种被烫伤的样子。想到天下很多孩子可能也在受这种苦，我就跟同事们说想做一款杯子，从父母手里，

> 从爷爷奶奶手里，不管倒多少度的水，摇晃 10 下，给到孩子们的就是可以喝的甚至是 55 度很爽口温度的水。
>
> 　然后，我用了三个月的时间做出来这款杯子，55 度杯，100 度的水用这款杯子摇 10 下，或者是放 1 分钟，就是适宜入口的 55 度的水。真的希望我的女儿不再受到这样的伤害，天下的孩子不再被热水烫。

这个故事很打动人，作为父母，更容易从内心引发共鸣，因为契合到了他们的需求。在这个故事中，他从安全角度出发，发现了三个痛点：安全、健康、便捷。因为一个好的项目就是要能够解决痛点，55 度杯解决的就是人们日常喝热水存在的安全隐患和不便的情况。所以，从讲故事的角度，能有温度地传递和塑造产品的价值。

同样，马云在底特律的这场演讲中，也做到了挖痛点和给痒点。

在做了大量的市场前景分析后，马云在最后说：

　　所以把握住这次机会，我相信多数小企业将会全球化，如果没有进行全球化，小企业将没有存活的机会，我不是在恐吓你们。你们不得不和外界做生意，因为你们小型，所以你们特殊，很难在当地进行竞争，而如果利用互联网，你们就可以在世界竞争。（挖痛点）

　　所以把握住机会，阿里巴巴就是希望为你们提供这个平台，帮助你们找到潜在客户、合作伙伴、解决收付款问题和物流。但这并不意味着你们一定要利用阿里巴巴达到自己的目标，这不是必需的，用任何一个互联网服务功能，任何一个电商都可以帮助你们销售商品。但是我相信我们做得更好。（给痒点）

3. 见证——要典型，要权威

　　招商路演中，为了提高投资人、加盟商或消费者的信赖度，我们需要做权威背书。自己说一万句好，不如第三者来替你美言一句，因为自己讲产品好，多少有点"王婆卖瓜自卖自夸"之嫌。那么，我们可以怎么借助第三方？

　　可以通过专家、名人或者知名的权威机构、获得的荣誉、国家发明专利证书来增加信任背书，比如我们经常看到一些明星站台某个产品发布会现场，这都是增强产品权威性的举措。

也可以通过公开一些销售数据或者火爆的销售现场图片、视频。比如雷军在做产品发布会开场时是这样说的：

> 演讲前，我们可以看一下小米之前的一些数据：自 2011 年 8 月 16 日起，三年来共发布五款手机，款款爆品！安卓手机活跃度前十名，小米占一半。2014 上半年手机售出 2611 万台，含税销售额 330 亿元。

这几个数据直观表明了小米手机卖得火爆这个观点。非常具有震撼力和说服力。

还可以公开使用产品或服务前后对比照片，这种对比尤其在医美行业最为突出，减肥前和减肥后，祛斑前和祛斑后，一图胜千言。

还可以客户见证做背书，在讲解自己项目的时候，让客户来做见证人，比如很知名的一些企业、很有影响力的一些合作伙伴，可以把这些罗列出来，甚至把人请到现场替你见证。

最后有两点要特别提醒：

第一，要注重 PPT 的制作质量。把阅读型 PPT 改成演说型 PPT，PPT 上不能堆满文字，而是用提炼的重点文字、直观的图表、高清大图、精准数据等展示。

第二，要注重 PPT 的结构逻辑。我曾经给一位招商型公司的企业老板修改过 PPT，当时他说用自己现在的 PPT 做演讲，感觉天马行空，客户听了不知所云，导致招商业绩低迷。于是我花费一个星期的时间进行了优化修改，后来的招商演讲成交率得到显著提高。

后记

　　写一本书的过程，就像怀胎十月，书籍出版的这一天，就像是孩子呱呱坠地来到人世间。这本书可以说是凝结了我多年演讲实战的精华。我曾经在选择培训细分领域时，也经历了迷茫的阶段，当时有幸遇到一位老师为我指点迷津，他说你从这三点去选择培训赛道：第一，是否感兴趣；第二，是否擅长；第三，是否有市场。经过逐一对标，我果断选择了演讲培训。

　　从做培训的第一天起，我就十分厌恶成功学打鸡血的方式。在市场上，有些演讲课就被打上了这样的标签，认为只有站在桌子上、凳子上才能克服演讲恐惧，才能学好演讲，那种疯癫的感觉着实让人哭笑不得，他们只会让你在这样一个激情的场域里高喊着"加油，很好，棒棒的"或者"我能行，我可以"，再伴以激昂的音乐，让你当下的那一瞬间似乎真的觉得自己就是"超级演说家"，但实际情况却是，当你回到真实的生活和工作场景中，问题依然存在。这种培训的危害，从小处说，浪费了时间和金钱，从大处说，一方面，误导学员认为这就是真正有效的演讲技巧，从而一直重复错误的方式；另一方面，会让真正有演说短板的人，通过一次无效培训后，质疑自己没有"演说天赋"，从此放弃了提高这方面能力的念头。

所以，无论是之前在企业做培训管理，还是后来从事演讲事业的创业，我一直秉承一个态度：以结果为导向，做有效的培训。我的个人介绍标签里有一句：实战商务演讲教练，"实战"二字是我所追求的，这也许和我的星座有关，我是金牛座，金牛座的人喜欢务实，不喜欢务虚，这么多年来，在这个领域，我始终努力给每一位学员分享实实在在的演讲方法，为学员们搭建各种实战演练平台。当我看到每一位学员获得改变，这种成就感会让我的生命变得更加丰盈。

我希望这本书，给你带去的不仅是方法，更是勇气和力量；希望每个人都能向前一步勇敢说，因为人生最大的遗憾不是做不到，而是我本可以；希望你站在璀璨的舞台上，绽放出自己耀眼的光芒！

在本书的写作过程中，我还得到了来自各方老师、朋友的支持和帮助，他们分别是：秋叶大叔、刘峰总编、潘孝莉老师、李海峰老师、王琳老师、王寺昆老师、金星老师、于梦娇老师、鹅妹子老师、小胡子老师陈练、赵冰老师、宋宋 gloria 老师、曹舒柳女士、张雨薇女士、黄皓宇女士、陈欣女士、李超群先生。还有"勇敢说"所有可爱上进的学员们，以及我亲爱的家人。

最后，谢谢这么优秀的你还愿意阅读我的书，如果这本书对你有帮助，也欢迎分享给身边有需要的朋友。